CB012952

Alegoria em Jogo

Coleção Estudos
Dirigida por J. Guinsburg

Equipe de realização – Edição de texto: Elen Durando; Revisão: Marcio Honorio de Godoy; Produção: Ricardo W. Neves, Sergio Kon, Lia N. Marques, Elen Durando e Luiz Henrique Soares.

Joaquim C.M. Gama

ALEGORIA EM JOGO
A ENCENAÇÃO COMO PRÁTICA PEDAGÓGICA

PERSPECTIVA

CIP-Brasil. Catalogação na publicação
Sindicato Nacional dos Editores de Livros, RJ

G176e
    Gama, Joaquim C. M.
    Alegoria em jogo: a encenação como prática pedagógica /
Joaquim C. M. Gama. – 1. ed. - São Paulo : Perspectiva, 2016.
    208 p. : il. ; 23 cm. (Estudos ; 335)

    Inclui bibliografia
    ISBN 978-85-273-1044-4

    1. Artes cênicas. 2. Artes cênicas - Estudo e ensino. 3. Representação teatral. 4. Teatro na educação. I. Título. II. Série.

15-27436   CDD: 792
                                CDU: 792

21/10/2015 21/10/2015

Direitos reservados à
EDITORA PERSPECTIVA S.A.

Av. Brigadeiro Luís Antônio, 3025
01401-000 São Paulo SP Brasil
Telefax: (011) 3885-8388
www.editoraperspectiva.com.br

2016

A
Francisco Gama,
homem das letras e das imagens.

Sumário

Apresentação

Leva-se um tempo considerável para observar, com dedicação, os quadros de Pieter Brueghel. Em suas telas, o pintor flamengo nos apresenta cenas das primeiras décadas da Idade Moderna, com resquícios próximos da ideia que se tem, em geral, sobre a Idade Média. São imagens vivas, quase animadas, com dezenas de personagens executando diversas ações. Mesmo aquele que se entrega ao deleite de admirar as obras sem pressa, ao readmirá-las encontra novas situações e outros significados para as situações já percebidas.

Quase meio milênio após seu nascimento, Brueghel — ou Brueghel, o Velho, como é conhecido, para distingui-lo de seu primogênito — segue como fonte de inspiração. Se sua obra pode ser marcada pela pluralidade, essa mesma característica se refletiu no trabalho de Joaquim Gama, narrado pelo próprio autor neste livro: foi do conjunto de gravuras *Os Sete Vícios Capitais* que surgiu o espetáculo teatral *Chamas na Penugem*, experiência em que as formações artística e docente se entrelaçaram.

Ao longo do texto, Gama descreve, de maneira saborosa, didática e cronológica, as etapas desse caminho que mescla as artes cênicas e as artes plásticas. E ele o faz de um ponto de vista também misto: distante, do acadêmico que ministra aulas de licenciatura em Teatro, e, ao mesmo tempo, próximo, de quem atuou como encenador, vivenciando todo o projeto.

Dessa forma, influências como a dos pensadores Walter Benjamin, Martin Wieland, Wolfgang Kayser e Mikhail Bakhtin se unem. Suscitadas por Brueghel, adentram o texto na revisão histórica do conceito de "alegoria", cujo significado pode ser comparado à ideia da metáfora — uma imagem com mais de um significado, gerando múltiplos pensamentos. É por meio da alegoria que o espectador é capaz de enxergar diversos sentidos para a obra, característica tão essencial para as plásticas, quanto o é para as cênicas.

Além de funcionar como um ponto de partida imprescindível para a trajetória que leva à alegoria, a imagem se torna matéria-prima de um processo pedagógico específico, cujo foco é a relação da própria imagem com o público, aqui analisado como espectador-leitor. A pedagogia da imagem reúne doutrinas, princípios e métodos que convidam à percepção daquilo que a figura pode oferecer ao artista e ao espectador. Essa função tem influência direta na maneira pela qual o artista emite seus pensamentos e na forma com que o público recebe a obra.

Assim, o processo de criação de *Chamas na Penugem* envolve a transposição da imagem estática das telas para o movimento orgânico dos atores. Isso é feito de diversas formas: para cada um dos pecados que aparecem n'*Os Sete Vícios Capitais*, uma forma diferente de observação e tradução é aplicada. Os relatos dos integrantes do projeto sobre como fizeram essa ponte acabam por engajar o leitor: será que faríamos igual ou será que pensaríamos em algo totalmente diferente? Em tal contexto, o processo de criação do espetáculo se mostra plural novamente, porque usa ideias de pensadores consagrados e, também, de aprendizes, numa dessas simbioses construtivas sustentadas pela pedagogia.

Alegoria em Jogo expõe, em minúcias, o esqueleto de um projeto intenso, repleto de provocações (sobretudo no que diz respeito à sensibilidade das percepções) e da criatividade que surge do olhar contemporâneo sobre uma arte secular. Não bastando ter impacto artístico, traz, consigo, um caminho percorrido no ensinar das artes cênicas. Uma experiência enriquecedora para o teatro que se faz hoje, e que se pensa para o amanhã.

Ivam Cabral
Ator, Dramaturgo, cofundador da Cia.
Os Satyros e diretor da SP Escola de Teatro –
Centro de Formação das Artes do Palco

Um Renascimento de Quinhentos Anos

Joaquim Gama traz nesta obra o relato da experimentação cênica com aprendizes, futuros professores de teatro, originalmente desenvolvido em função de sua tese de doutorado na Escola de Comunicações e Artes da Universidade de São Paulo. O resultado dessa prática é a proposta de um modelo espetacular denominado "teatro de figuras alegóricas", que pretende configurar-se como uma abordagem pedagógica e estética a ser desenvolvida no campo da pedagogia do teatro.

A proposição do seu trabalho é reunir procedimentos de leitura de imagem que têm como ponto de partida a didática simbólico-diabólica de Pieter Brueghel, o Velho. A dramaturgia escrita a partir da descrição da série de gravuras *Os Sete Vícios Capitais* assumiu o caráter de um *work in progress* no desvendamento do universo da obra.

Procuramos na presente introdução refazer o diálogo com as poéticas de Bertolt Brecht e Heiner Müller, sendo que os conceitos de alegoria e história em Walter Benjamin constituíram-se como ponto nevrálgico da dramaturgia/encenação resultante, *Chamas na Penugem*.

Pieter Brueghel foi um mestre para Brecht, que anota em seu *Diário de Trabalho*:

Costumo acordar às 05h30min. Então preparo café ou chá, leio um pouco de Lukács ou Goethe. Quando levanto, olho para uma grande pintura impressa da dança de camponeses de Brueghel na parede [...] então me sento à mesa para trabalhar.[1]

É digno de nota o fato de Brecht ter carregado seus dois volumes de reproduções de Pieter Brueghel, o Velho, durante o seu exílio da Alemanha. No dia 8 de dezembro de 1939, inventariou no diário de trabalho os seus pertences, entre eles dois volumes de Brueghel.

Nas observações que Brecht escreve sobre "O Efeito de Estranhamento nas Pinturas Narrativas de Pieter Brueghel, o Velho", tal projeção modelar sobre a sua própria obra se evidencia:

Se investigarmos ao investigar os fundamentos dos contrastes pictóricos de Brueghel, percebemos que apresentam contradições. Mesmo quando equilibra seus opostos, Brueghel não os equipara uns aos outros. Não existe, nessas imagens, uma separação entre o trágico e o cômico. O trágico contém o cômico e o cômico, o trágico.[2]

Interessa a Brecht a contradição, o jogo de oposições, a superação da divisão dos gêneros e, sem dúvida, a *historicização* provocada por essas colisões. Entre as inúmeras definições de *estranhamento de* Brecht encontramos:

[...] *estranhar* significa, pois, *historicizar*, representar processos e pessoas como históricos, portanto transitórios. O mesmo pode acontecer com contemporâneos. Também as suas atitudes podem ser representadas como temporais, históricas, transitórias.[3]

Brecht pretende que o contraste e as relações entre texto e imagem sejam parte de um terreno de contradições produtivas, em oposição à ilustração ou reiteração do sentido. Assim, determinado tema pode ser encontrado através de duas criações, ou seja, da forma como o pintor e o poeta o veem. O

1   *Diário de Trabajo III. 1944/1955.* Buenos Aires: Nueva Vision, 1979, entrada de 18.12.1948.
2   Bertolt Brecht, Verfremdungseffekt in den erzählenden Bildern des älteren Breughel, *Gesammelte Werke 20*, Frankfurt: Suhrkamp: 1967, p. 279-283, p. 279-280. (Tradução nossa.)
3   Apud Ingrid D. Koudela, *Brecht: Um Jogo de Aprendizagem*, São Paulo: Perspectiva, 1991, p. 107. (Grifo nosso.)

observador assume ambos os pontos de vista ao deslocar seu olhar de um para outro, assumindo a visão do pintor e/ou a do poeta. Sem dúvida, a relação entre texto e imagem promove um maior número de percepções do que a imagem ou o texto por si só o fariam.

A etapa da descrição é um dos momentos mais sutis e produtivos na leitura de imagens. A narrativa daquilo que é visualizado faz com que a percepção de formas e conteúdos seja trazida para a consciência. Nas imagens de Brueghel, o método narrativo é exercitado no próprio ato da percepção da obra, na medida em que combina o princípio da perspectiva com a decifração sequencial das inúmeras informações que suas imagens aportam.

Esse exercício pode ser instaurado de forma programática com grupos de crianças, jovens e adultos. Reportando para o passado do tempo na história, o modelo, prefigurado na obra de arte de Brueghel alarga o horizonte e o tempo de percepção do fruidor.

Em processos didáticos, não está em foco a relação com o professor por meio da obediência aos seus ensinamentos, mas sim o encontro, entendido como experiência das diferenças. Dessa forma a relação entre texto e imagem gera um terreno de contradições produtivas através da qual se cria a percepção do outro, do estranho.

De relevância decisiva para o leitor/atuante contemporâneo são as perguntas a serem formuladas para o modelo constituído pela obra de arte, permitindo uma relação dialógica. Os pontos de incerteza demarcam momentos nos quais a ambiguidade e polissemia do texto e/ou imagem são ressaltadas. São exatamente essas incertezas que fornecem sinais de sentido para a encenação.

A interdisciplinaridade presente no projeto *Chamas na Penugem* não afirma um retorno à polivalência, se visto a partir da perspectiva da arte na educação. Ao contrário, o eixo epistemológico de sua prática está fundamentado no teatro, com ênfase na linguagem gestual. A colaboração do artista Jaime Pinheiro (cenografia e figurino) deu plasticidade às descobertas dos aprendizes nesse processo colaborativo de construção do conhecimento.

A atuação em coro promoveu a estética de crônica, que fascinava especialmente Brecht, o qual estabeleceu uma ligação entre a pintura de Brueghel e a sua própria concepção do épico. A justaposição de signos pode ser encontrada de diferentes formas na prática teatral pós-dramática. O caráter narrativo e alegórico das imagens resulta em uma *desdramatização*, na qual não há lugar para culminância e centralizações típicas da representação dramática, tantas vezes inalcançável para o leigo em teatro, já que faz altas exigências ao caráter histriônico do intérprete. Os jogos teatrais de Spolin permitiram acesso à atuação em jogo, através da qual as imagens de Brueghel puderam ser apropriadas pelos atuantes, revelando o olhar contemporâneo sobre o contexto histórico da obra.

Na perspectiva pós-moderna do ensino da arte, desconstrói-se a ordenação cronológica no estudo dos movimentos artísticos ao longo da história, valorizando-se o contato direto com a obra. O conceito benjaminiano rompe com a historiografia linear e causal.

Entre os recursos historiográficos de Benjamin está a "técnica do despertar". Assim como um indivíduo recorda um sonho, assim o historiador procura ler os atos históricos como algo que acaba de nos acontecer. Trata-se de despertar um saber ainda não consciente do passado. Olhamos o passado com lentes de intérprete, nós o reconstruimos, conscientes de que não o apreendemos em sua real configuração.

Os fragmentos sintéticos "Fênix" e "O Anjo Sem Sorte" de Heiner Müller, inseridos como prólogo e epílogo na dramaturgia da montagem de *Chamas na Penugem* radicalizam de forma provocativa o conceito de historicização brechtiano. A poética de Müller nos ajudou no procedimento de interrupção, ao fazer uso da descontinuidade como possibilidade de experiência, por meio de uma encenação que não se quer peça de museu e sim dialética de presentificação.

Não é essa a tarefa do teatro?

Ingrid Dormien Koudela
Encenação e dramaturgia de *Chamas na Penugem*

Introdução

*Fênix chama-se o pássaro que a cada quinhentos anos
incendeia a si mesmo e renasce das próprias cinzas às
vezes seus quinhentos anos duram apenas uma noite ele
voa à noite para o sol e inicia pela manhã o seu retorno
para a terra incendiado mas não consumido chamas
na penugem às vezes sua noite dura quinhentos anos
o fogo consome apenas as escórias com as quais o trabalho humano o entulha modas mídia indústrias e o
veneno dos cadáveres das guerras molesta o seu manto
de penas seu segredo é a chama eterna que arde em
seu coração ele não esquece os mortos e aquece os que
ainda não nasceram*

HEINER MÜLLER, Fênix[1]

Antes de adentrarmos nas questões relativas à Introdução ou à apresentação das discussões acerca da encenação como prática pedagógica, nos deteremos na epígrafe. O texto deu origem ao prólogo e ao título da encenação *Chamas na Penugem*, que serviu de base para os estudos apresentados neste livro. A epígrafe constitui também a síntese das proposições artísticas do projeto que aqui será abordado.

Chamas na Penugem é uma paráfrase do texto poético de Heiner Müller e seus termos anunciam a dialética que acompanhou toda a proposta da encenação. Nos fenômenos físicos, nenhuma penugem é suscetível de resistir às chamas, de arder sem se consumir. Sua fragilidade não suporta a agressividade do fogo. Porém, o valor alegórico do texto nos coloca diante de um paradoxo: a chama como escória do trabalho humano. A alegorização se refere às contradições que enfrentamos no mundo contemporâneo, onde a realidade se transformou de tal forma que o pensamento já não mais distingue entre o que é relevante e o que são querelas de aparência. No entanto, é

---

1 Tradução de Ingrid D. Koudela. O texto original em alemão é grafado sem pontuações.

nas mazelas do pensamento que reside a chance de alcançar algo diferente, em direção ao elo perdido entre a heurística e a história. De acordo com Müller, nossas contradições são as nossas esperanças. Esse autor foi nosso mentor, ao lado de artistas como Pieter Brueghel, o Velho, e Bertolt Brecht, que foram fundamentais à estruturação da encenação de *Chamas na Penugem*. Entretanto, Müller nos propiciou a reflexão poética e seu teatro exerceu forte influência na dramaturgia da encenação de *Chamas na Penugem*, sob a coordenação da artista e pedagoga Ingrid Dormien Koudela. Suas propostas de descontinuidade, intertextualidade, pluralidade, valorização do receptor, descontextualização, fragmentação e montagem com base na reconstrução de materiais existentes foram modelares na construção do texto do espetáculo. Essa metodologia poética guiou a criação e a discussão de questões referentes à produção artística e à pedagogia do teatro.

Apresentamos a abordagem estética e didática da encenação como prática pedagógica, tendo como campo teórico fundamentos alegóricos e grotescos da obra de Pieter Brueghel, o Velho.

No presente estudo, identificamos procedimentos para a leitura das gravuras *Os Setes Vícios Capitais,* de Brueghel, e apresentamos processos que permitiram conceber a imagem como *modelo de ação* para a construção da encenação. A abordagem desenvolvida no processo de encenação permite-nos pensar em práticas teatrais e pedagógicas nas quais a formação artística e docente caminham juntas. Com base em referências teatrais contemporâneas, apresentamos as trajetórias teóricas e práticas que determinaram a construção da encenação e organizaram o trabalho em oficinas de criação, transformando a sala de aula em ateliês de investigação e em espaços de discussão e de fruição estética. Com base nisso, defende-se no presente livro propostas artísticas cujo processo de criação e aprendizagem teatral está sedimentado no binômio artista-docente.

No primeiro capítulo, apresentamos os fundamentos teóricos da alegoria, com vistas à didática alegórico-diabólica brugheliana. São enfatizadas as heurísticas que permitem compreender a alegoria como um instrumento didático, no qual o dedutivo, o indutivo e o método histórico-alegórico tornam-se elementos importantes para o seu desvelamento. Nessa perspectiva, está em defesa a ideia de alegoria como ensinamento, perpassando a análise do seu papel sagrado, na Antiguidade, e a retomada dos seus princípios, na modernidade, por Walter Benjamin. Os estudos do filósofo alemão ampliam o conceito de alegoria e destacam o princípio fragmentário subjacente à sua estruturação. Para ele, a matéria essencial da alegoria é a ruína, o fragmento, o estilhaço histórico que ela traz consigo.

Ao relacionar esses estudos com a obra de Brueghel, mais precisamente com as gravuras intituladas *Os Sete Vícios Capitais*, podemos compreender a capacidade alegórica do conjunto de imagens e suas potencialidades de ensinamento. As discussões sobre esse universo também estão apoiadas em autores como Wolfgang Kayser e Mikhail Bakhtin, os quais trazem contribuições significativas à leitura histórica e social da alegoria e, por conseguinte, às obras de Brueghel.

No referido capítulo, são discutidas ainda questões acerca do grotesco, abrangendo análises estéticas dessa tipologia artística e suas funções na cultura popular medieval. O grotesco, no âmbito da alegoria, configura-se também como um elemento didático que permite aos seus contempladores lidarem com a relação polifônica entre o belo e o feio, entre as idealizações pedagógicas da Igreja e a vida na Idade Média. Esse universo grotesco prolifera nas gravuras de Brueghel, e nos permite ler a natureza humana tanto do ponto de vista dos seus instintos como dos seus processos civilizatórios.

No segundo capítulo, encontraremos princípios teóricos e didáticos que envolvem a leitura da imagem. Tais princípios são apresentados com base nas teorias de Jacques Aumont, cuja ênfase está na teoria cognitivista da imagem e na necessidade de uma pedagogia própria voltada a ela. Nessa seção, analisamos os princípios didáticos que enfatizam as capacidades de ensino e arregimentam processos descritivos da imagem. Esses princípios nos aproximam das concepções de modelo de ação desenvolvidas por Brecht, que retomamos com base nas pesquisas de Koudela.

As propostas da encenadora utilizam o conceito de imagem como modelo de ação em obras que se encontram na contramão da indústria cultural e possuem, explicitamente, um caráter alegórico, tanto pelo seu significado artístico como também histórico. Nesse capítulo, são apresentadas as aproximações do teatro com as artes plásticas e suas imbricações com o *tableau vivant*. Ainda nessa perspectiva, são analisados os procedimentos utilizados na leitura das gravuras que deram origem à encenação *Chamas na Penugem*.

Abordamos também questões referentes à dramaturgia da encenação, tomando por base o texto "Descrição de Imagem", de Heiner Müller.

No terceiro capítulo, são explicitadas as bases teóricas e práticas que permitem pensar a encenação contemporânea como prática pedagógica[2]. Processos didáticos e estéticos desenvolvidos durante a montagem teatral determinam uma tipologia singular, que se coaduna com as propostas do teatro contemporâneo, estabelecendo um campo fértil à pedagogia do teatro. Essa tipologia foi denominada por Koudela de *teatro de figuras alegóricas*.

Com base nos protocolos produzidos pelos participantes do experimento *Chamas na Penugem*[3], em 2008, são apresentados os resultados desse trabalho e a sua relação com a formação artística e docente dos alunos. Nesse sentido, os nomes dos participantes não são omitidos, como normalmente se procede em pesquisas dessa natureza; ao contrário, são citados e destacados, uma vez que se configuram como atores de um processo pedagógico e autores que, durante todo o trabalho, tiveram o desafio de pensar em suas práticas artísticas e estabelecer relações com o ensino de teatro. Assim sendo, o presente

2 Entre 2006 e 2008, uma equipe multidisciplinar desenvolveu projetos na área da pedagogia do teatro, em cursos de Licenciatura em Teatro, com ênfase em processos que envolveram o ensino, a produção artística e ação cultural em teatro. Nesse sentido, trabalhou-se com montagens teatrais, com vistas às práticas artísticas contemporâneas e pedagógicas fundamentais à formação do professor de Teatro. Esse trabalho, sob a coordenação da professora Ingrid Dormien Koudela, produziu as seguintes montagens teatrais: *Nós Ainda Brincamos do Que Vocês Brincam?* (2006); *Peixes Grandes Comem Peixes Pequenos* (2007); *Chamas na Penugem* (2008); *A Ferida Woyzeck* (2009). As propostas que abarcam essas encenações foram registradas por I.D. Koudela em "Teatro de Figuras Alegóricas: 'A Ferida Woyzeck'", *Urdimento*, n. 18, p. 71-78; "A Encenação Contemporânea Como Prática Pedagógica", *Urdimento*, n. 10, p. 45-54.

3 Alunos do curso de licenciatura em Teatro, na Uniso – Universidade de Sorocaba.

livro está amparado nas propostas da pesquisa qualitativa e em metodologias oriundas da pesquisa-ação. Isso significa que o pesquisador/autor esteve o tempo todo em meio à cena, como diretor cênico, pesquisador em ação ou docente do curso de Licenciatura em Teatro, com a tarefa de desenvolver um olhar próximo e distanciado da investigação. Dessa forma, este trabalho apresenta o olhar do autor, a partir dessas três perspectivas distintas, integrado à trama da peça.

1. Fundamentos da Alegoria

da origem à didática alegórico-diabólica de Pieter Brueghel, o Velho

*a alegoria mostra ao observador
a* facies hippocratica *da história
como protopaisagem petrificada.*

WALTER BENJAMIN, *Origem do
Drama Barroco Alemão*

Optamos por iniciar as discussões acerca da encenação como prática pedagógica com base na retomada dos estudos sobre a alegoria. As razões dessa escolha se justificam pelos seguintes argumentos: primeiro, a proposta da montagem da encenação *Chamas na Penugem*, que serviu de campo para as experimentações estéticas e pedagógicas apresentadas neste livro, foi fundamentada num conjunto de gravuras alegóricas do artista Pieter Brueghel. Assim, a leitura de tais gravuras exige a compreensão do universo da alegoria; segundo, como a maioria das abordagens estéticas e pedagógicas sobre a cena moderna tem se firmado nas fronteiras (ou ausência delas) entre o teatro e as artes visuais, entendo o texto cênico como predominantemente visual. Essa questão é debatida ao longo do livro, com o objetivo de estabelecer relações entre o texto cênico visual e as proposições criadoras contidas na alegoria. Por último, a retomada dos estudos sobre a alegoria não só nos permitirá ler a obra de Brueghel para além dos seus efeitos estéticos, como também nos possibilitará criar um horizonte de reflexões a respeito do sentido da didática e do ensino no processo de aprendizagem teatral.

Assim, apresentamos aqui a etimologia da palavra "alegoria", que vem do grego *allegoría* e significa "dizer o outro". Na cultura grega, era uma forma de representar uma ideia diferentemente do seu sentido literal. A alegoria substituiu um termo mais antigo, *hypónoia*, que queria dizer "significação oculta" e era utilizado, já no tempo de Plutarco (c.46-120 d.C.), na interpretação dos mitos de Homero.

Identificamos, ainda, a presença da alegoria no texto *Psychomaquia*, de Prudêncio (400 d.C.), cujo tema é a batalha das virtudes e vícios pela alma do homem. Esse texto foi amplamente estudado e serviu de modelo à literatura na Idade Média. Nesse sentido, foram enfatizados na alegoria os objetivos de ilação moral.

Naquela época, predominavam as moralidades que se utilizavam das alegorias para difusão de lições edificantes[1]. As moralidades tinham como temas alegóricos as virtudes e os pecados morais, boa fama e desgraça, preguiça e avareza, astúcia e ciência. No teatro medieval, a alegoria podia funcionar também ao nível das construções das personagens. O teatro alegórico foi um gênero muito cultivado na Idade Média, sendo exemplares os textos de Gil Vicente. Temos também por referência obras-primas como os sermões do Padre Antônio Vieira, nos quais a alegoria se fazia presente.

A Antiguidade greco-latina e cristã, que avançou pela Idade Média, costumava dividir a alegoria em duas classes: uma denominada *alegoria dos poetas* e a outra, *alegoria dos teólogos*. A primeira era concebida como uma técnica metafórica de representar ou personificar abstrações, segundo a qual a alegoria era vista como ornamentação de discursos produzidos para a prática forense e poética. Deve-se ressaltar que, regida por convenções, o principal valor da alegoria dos poetas estava no efeito que ela seria capaz de produzir nos discursos.

A alegoria dos teólogos era um modo de interpretação religiosa das coisas, dos homens e dos eventos figurados em textos sagrados. Valendo-se de um conjunto de regras interpretativas, a alegoria dos teólogos ou o processo de alegorização cristã deixou de lado o sentido das palavras no texto e passou a investir mais na interpretação dos acontecimentos e das personagens históricas.

1   Cf. M. Berthold, *História Mundial do Teatro*, p. 261-267.

Segundo João Adolfo Hansen, em *Alegoria: Construção e Interpretação da Metáfora*, ao comparar as duas categorias, é possível afirmar que a alegoria dos poetas era mais criativa por estar sob a égide do ficcional, e a alegoria dos teólogos, por suas características interpretativas, era mais crítica, julgadora, de caráter moral.

Há de se destacar que a alegoria dos teólogos ocupou um lugar privilegiado na história da Igreja Católica, sendo absolutamente decisiva para a formação do seu pensamento. Inicialmente, foi utilizada como elemento de transitoriedade entre o paganismo e o cristianismo. Em seguida, foi fundamental para a instalação da culpa. Todas as significações alegóricas pagãs passaram a ser vistas como desvio da religação dos cristãos com o céu, o que as tornam culpadas pelos descaminhos dos homens. A culpa passou a ser imanente tanto no ato contemplativo da alegoria como na sua capacidade de comunicar um determinado conhecimento com base nesses princípios. A alegoria ocidental da Antiguidade clássica passou a ser vista sob dupla face: uma demoníaca, ligada ao culto supersticioso, e a outra com características jubilosas e olímpicas, com o objetivo de desencadear admiração estética. Em consequência disso, os deuses antigos passaram a ser hostilizados e se tornaram criaturas degradadas, enquanto a Igreja avançava na sua ação alegórica de elevar os espíritos dos homens acima da vida mundana.

O alegorista ocidental passou a associar conceitos abstratos, como virtude, pureza, honra e humildade, às alegorias bíblicas ou mitológicas, transformando-os. A sua tarefa era extinguir as figuras e os pressupostos alegóricos do *Pantheon,* convertendo--os num mundo de criaturas mágico-conceituais. Citamos como exemplos a concepção de amor dos artistas da Antiguidade, que o retratavam como um demônio com asas de morcego e garras, e a representação de seres fabulosos (faunos, centauros e sereias) como figuras alegóricas do inferno cristão. O mundo clássico dos deuses antigos se transformou em alegoria do mal.

Na Antiguidade, o mundo foi todo recriado. A cultura humanista erudita tratou de arrancar os deuses do contexto tradicional e inseri-los num universo demoníaco. Enquanto demônios cósmicos, os deuses antigos passaram a pertencer às forças religiosas da Europa cristã e foram rechaçados da vida prática. Com certa tolerância tácita da Igreja, foi cedido a esses deuses um espaço na cosmologia pagã, mais especificamente, na astrologia. Assim, podemos afirmar que a proximidade com os deuses foi um dos pré-requisitos mais importantes para o desenvolvimento vigoroso do "alegorês" ocidental. Ele não teria seu espaço na Igreja se esta não tivesse como objetivo a expulsão sumária dos deuses da memória dos fiéis. Ele não só figura como um monumento da vitória dos cristãos sobre os pagãos, como passou a significar o exorcismo da vida antiga, mundana. Se, de um lado, a Igreja tinha a intenção de eliminar a imagem alegórica dos deuses, por outro, tinha como projeto didático se apropriar do mesmo modelo alegórico para propagar a ideia cristã de Deus e suas configurações celestiais. Portanto, coube ao cristianismo primitivo o tríplice desafio de extirpar da vida cotidiana os deuses pagãos, de atribuir um novo sentido à alegoria e representá-la como martírio do corpo.

A alegoria dos teólogos foi fundamental na estruturação das obras religiosas, mitológicas e históricas, uma vez que enfatizava preceitos morais, cívicos e sociais almejados pelo cristianismo. Essas obras eram infestadas de personagens, seres que personificavam virtudes e sentimentos, que, por intermédio da representação, diziam aquilo que materialmente não existia ou que nunca fora testemunhado. A energia imaginativa permitia criar cenas que ligassem os indivíduos ao sagrado, ao que parecia inalcançável e que, por meio da alegoria, era materializado.

A concepção alegórica ocidental tem sua origem na alegoria dos teólogos e está baseada no contraste entre a culpa instituída pelo cristianismo e outra de natureza pagã, demoníaca, que passou a ser impingida ao *Pantheon*. Na medida em que a Renascença renovava o elemento pagão e a contrarreforma, o elemento cristão, a alegoria tornava-se, ao mesmo tempo, instrumento de confrontação e conformação. E é só nessa perspectiva que será possível estudá-la, compreendendo-a como instrumento ideológico.

Parece-nos difícil definir tal conceito. A rigor, o que existe são *alegorias*: uma construtiva ou retórica e outra interpretativa ou hermenêutica. A alegoria dos poetas, como expressão, é uma forma de falar e escrever. Já a alegoria dos teólogos, como interpretação, é um modo de entender e decifrar as coisas do mundo.

Devido à influência que a Igreja exerceu tanto sobre a arte como sobre as ciências, a visão alegórico-interpretativa ou hermenêutica foi a que preponderou nos estudos sobre alegoria e passou a ser objeto de análise ou crítica de pensadores como Hans-Georg Gadamer, Paul de Man, Walter Benjamin e Martin Heidegger. A partir daí, o conceito de alegoria foi sendo analisado, codificado e, às vezes, até mesmo esquecido ou negado pela história.

A alegoria hermenêutica é vista como figura de linguagem, pertencente à retórica e, nesse sentido, ela se assemelha à metáfora. A alegoria é a substituição de um pensamento por outro que, numa relação de semelhança, gera um terceiro pensamento. Sua força comunicativa é proporcional à quantidade e à qualidade de coisas que ela for capaz de sugerir de modo sintético.

É preciso salientar que tal linguagem é marcadamente convencional e pública, uma vez que muitas pessoas sabem o seu significado. Os olhos vendados da justiça, por exemplo, devem ser compreendidos como a igualdade de todos perante a lei; uma ampulheta, como um tempo que não para e se esvanece. O convencionalismo na alegoria consiste na repetição contínua dos mesmos significantes para os mesmos significados. "Enquanto tal, isso parece reproduzir o que acontece com toda e qualquer língua, dado o caráter, *a priori*, 'arbitrário' e, *a posteriori*, convencional do signo. Ocorre, porém, que o signo alegórico tem certo caráter icônico, indica o seu significado em seu significante."[2] Por isso, a grande preocupação do alegorista é com os vários tipos de receptores e com a forma de persuadi-los. A persuasão, o exercício da vontade, é a essência da retórica e, consequentemente, da alegoria.

Nesse sentido, a ideia propagada pela alegoria não é inócua, "à medida que também leva a pensar sobre aquilo que está sendo dito ou se está deixando de dizer. É preciso, portanto, recuperar a ideia inerente à alegoria, transcendendo a sua convencionalidade"[3].

As alegorias, em forma de fábulas, sempre foram o campo fértil para a irradiação ideológica, trazendo o já sabido. Elas são partes de um todo. A seleção da parte de um todo a ser representada pelo

2   F.R. Khote, *A Alegoria*, p. 16.
3   Ibidem, p. 17.

alegorista, além de se configurar como um recorte do mundo, é também uma ação vigente numa época específica.

A abordagem didática da alegoria está baseada na universalização do particular e, ao mesmo tempo, na capacidade de desvelar as significações num maior grau possível. A sua formação e formulação devem conseguir transformar experiências individuais concretas em experiências coletivas.

Para se desvelar uma alegoria, é necessário entender o jogo de tensões entre as classes sociais, entre as contradições de grupos, camadas e ideologias. Ela traz consigo a petrificação de lutas, de discórdias, que busca não se mostrar nem como discórdia nem como luta. Ela enxuga e concentra contradições, e sua leitura deve discernir e desvelar tais contradições.

O desvelamento de uma alegoria depende sempre de uma leitura intertextual, que permita identificar um sentido mais profundo e duas condições essenciais devem ser destacadas na sua constituição: o fim didático, como todas as fábulas; e a segunda condição seria não produzir mais do que uma leitura de sentido, porquanto é próprio da alegoria não fazer uso da ambiguidade ou da plurissignificação, sob pena de se perder a ilação moral procurada.

A Igreja Católica soube como ninguém fazer o povo crer na existência real de conceitos fora da realidade. Imagens alegóricas como anjos e santos passaram a configurar conceitos e foram postos a habitar o "céu" cristão idealizado. Manifestavam-se na terra como corporificações alegóricas. Figuras como Inveja, Ciúme, Tentação passaram a ser figuradas como seres demoníacos. Nesse contexto, figuras alegóricas difíceis de serem imaginadas, como Bom Acolhimento, Doce Perdão, Humildade, Súplica, Concórdia e Pavor foram associadas às divindades romanas, concebidas como seres divinos. Assim sendo, a antropomorfização alegórica tornou-se uma possibilidade de retificação do homem, e a prosopopeia foi um dos recursos da retórica utilizada em sua potência máxima para que isso fosse efetivado. As discussões acerca da alegoria acompanharam a história da humanidade e sempre estiveram na pauta das discussões de artistas, filósofos e linguistas.

É com Walter Benjamin, em *Ursprung des deutschen Trauerspiels* (Origem do Drama Barroco Alemão), de 1928, que a discussão acerca da alegoria como campo exclusivo da estética toma dimensões mais aprofundadas.

Ao retomar a etimologia do termo, Benjamin a vê como a revelação de uma verdade oculta. Em seus estudos, ela não representaria as coisas tais como são, mas uma versão de como foram ou poderiam ser. Além de se distanciar da retórica clássica, o autor a localiza no campo das ideias. Para o teórico, as alegorias são ruínas e, como tais, possuem uma estreita relação com a melancolia.

Dois tipos de alegoria são apresentados pelo filósofo alemão: a primeira seria a cristã, presente no drama barroco e que reforça a visão da finitude do homem no absurdo do mundo; a segunda seria a moderna, que se coloca a serviço da representação da degeneração. Na primeira, temos a revelação de uma verdade oculta ou uma verdade escondida. Já o tipo moderno aparece como temporal, como um fragmento arrancado à totalidade.

Benjamin identifica a alegoria como a principal marca do teatro barroco, porquanto ela possibilita simultaneamente a desvalorização do mundo profano e sua exaltação. Nesse sentido, ao perder a linguagem sagrada, a alegoria ora recai sobre a exaltação, ora sobre o divino, ora sobre a glorificação do profano. Ela, por si só, evocaria a sombra, imagem que permeia todo o barroco.

A matéria mais nobre da alegoria está sedimentada na ideia de ruína, de fragmento ou de estilhaço da vida. É comum a todas as obras alegóricas a expectativa de um milagre, que deve ocorrer no interior dos seus receptores. Por meio de um fragmento, o público é conduzido à totalização, pois cabe a ele juntar os cacos e reconstruir o todo em uma sequência que lhe trará a sensação de organização, de equilíbrio, tirando-o do estado de caos.

Na Antiguidade, a estética da fragmentação, derivada da alegoria, consistia em criar uma figura-síntese capaz de exprimir, com poucos traços, um objeto a ser significado. Posteriormente, os artistas passaram a reunir em uma única figura muitos conceitos, por meio de um grande número de signos.

Para Benjamin, ao compreender a representação alegórica como a primazia do fragmentário sobre o total, a alegoria torna-se contrária ao símbolo. Em oposição à totalização do símbolo, cujo conteúdo e a forma deveriam ser indissociáveis para os simbolistas, a alegoria mostra ao observador esses dois elementos como partes da protopaisagem petrificada, congelada num instante. Para se desvelar uma alegoria, será preciso dissociar o conteúdo da forma. Embora complementares, elas são dissociáveis, uma vez que para entender os conteúdos representados, o observador precisará entender e reconstruir o processo de montagem que deu origem à alegoria. Assim, enquanto no símbolo está presente a ideia de fusão, na alegoria, temos a relação entre o conteúdo e a forma. O conteúdo revelar-se-á na análise formal, e a forma, em geral, será fruto da relação estética com o conteúdo a ser desvelado. O esforço do alegorista é organizar e apresentar o conteúdo em formas estéticas que possibilitem tanto ler a ideia que deu origem à alegoria como sua representação.

Para se efetivar a estética do fragmento, o alegorista deverá arrancar o objeto do seu contexto, "matá-lo" e ressignificá-lo. "Esvaziando de todo brilho próprio, incapaz de irradiar qualquer sentido, ele está pronto para funcionar como alegoria."[4] Nas mãos do alegorista, o objeto se transformará em outro objeto, que deverá ser descoberto pelo observador. Verifica-se que para construir uma alegoria, o mundo deverá ser esquartejado.

Na sua essência, a alegoria ultrapassa os limites do presente, realizando um trânsito entre o passado e o futuro. Ela busca tocar o observador pelo sopro de ar que foi respirado no passado, conduzindo-o ao encontro entre as gerações precedentes, presentes e futuras. Nela, está contida uma força messiânica, em que o passado só será compreendido no futuro. Dessa maneira, a morte também constitui um elemento fundamental na compreensão do que é representado na alegoria. Para construí-la, o alegorista usa a morte "do mesmo modo que Herodes usou o massacre, para poder significar a sujeição extrema da criatura às leis do destino. Como conteúdo e como meio, a morte está no cerne da alegoria e no cerne da história"[5].

Segundo Benjamin, as alegorias são exposições mundanas da história como história do sofrimento. São obras de arte e documentos do declínio. Do declínio dos homens, da queda do paraíso, da saída do estado de equilíbrio para o estado

4 W. Benjamin, *Origem do Drama Barroco Alemão*, p. 40.
5 Ibidem.

permanente do pecado. Elas trazem aos homens a consciência da eminência da morte e, ao mesmo tempo, a possibilidade de suplantá-la. Quanto mais arrebatadora for a alegoria, maior será a possibilidade de os homens alcançarem a eternidade. Elas são capazes de elevar os observadores aos céus, porque nelas existe um plano didático que ultrapassa a tortuosa linha entre *physis*[6] e a significação. Assim sendo, podemos dizer que a natureza dos homens sempre esteve sujeita à morte e, desde sempre, foi alegorizada. Para Benjamin, "a alegorização da *physis* só pode consumar-se em todo o seu vigor no cadáver"[7], isto é, na ideia de morte e ressurreição.

Como expressão artística, a alegoria é um gesto linguístico plenamente intencional, construído e configurado como uma imagem escrita. Assim sendo, todas as artes plásticas – arquitetura, escultura, pintura – passam, por intermédio dela, a pertencer à esfera do que está escrito, transcrito, pós-escrito. Como sabemos, a arte é comunicação de uma determinada ideia apreendida, portanto, nas mãos de um alegorista, uma imagem alegórica passa a ter um duplo fim: além de exprimir um pensamento, deverá também exprimir um conceito. Note-se que consiste em construir uma imagem que sirva também como inscrição. Enfim, uma imagem alegórica poderá suscitar uma viva impressão no espírito e, ao mesmo tempo, tornar-se um emblema.

Na Antiguidade, os emblemas eram mosaicos de pedra, confeccionados nas paredes ou em vasos, nos quais se incrustavam imagens de guirlandas e filigranas, cujo objetivo era a representação de conceitos morais como virtude ou humildade. Um emblema é constituído de um corpo (imagem) e uma alma (discurso). No século XVI, ele foi utilizado como poema visual, explorando a imagética de poetas como Horácio. A formação das figuras dos emblemas é inspirada nos efeitos que se pretende representar. Assim, uma tocha inclinada, acesa, significará a humildade, dando a entender ao observador que quanto mais humilde ele for, mais resplandecerá a sua virtude.

---

6   Termo de origem grega que significa *natureza física* ou *ordem natural*. *Physis* se opõe a *nomos* (leis ou costumes humanos). Na cultura greco-romana os debates sobre civilidade discutiam se as leis humanas (éticas e políticas) estavam inscritas na natureza das coisas ou se eram meras convenções.

7   Op. cit., p. 241.

Para Benjamin, "Na medida em que a intenção alegórica se dirige ao mundo objetal da criatura, ao extinto, e no máximo ao semivivo, o homem não é atingido por seu raio visual"[8]. Ela se concentra unicamente nos emblemas e torna-se possível a metamorfose e a salvação do homem. As alegorias passam a agir como amuletos passíveis de produzir tal reverberação. A partir da concepção de emblemas, a alegoria passa a funcionar como imagens escritas.

Segundo o filósofo, o cerne da visão alegórica está na afirmação de que toda imagem é unicamente uma imagem escrita. "Ao pensarmos no contexto da alegoria, constataremos que a imagem alegórica é apenas uma assinatura, apenas um monograma do Ser, e não o Ser em seu invólucro."[9] O elemento instrumental do emblema não está afastado do ato da leitura. O alegorista nos apresenta o emblema como figura já lida e que deve ser revelada e absorvida no instante em que é lida novamente.

Os emblemas permitiram sintetizar ideais cristãos como virtude ou pudor. Benjamin ressalta que uma imagem emblemática fatalmente afetará os corpos dos espectadores e os preparará para a metamorfose. Isso significa que corpos mortos afetam os corpos dos vivos e determinam o resultado do que foi e será lido.

Em última análise, a estrutura e a configuração dos emblemas estão carregados de história, e seus objetivos são o de converter, pela forma artística, conceitos em verdades irrefutáveis. Isso nos conduz para a outra função da alegoria e, por conseguinte, dos emblemas: neles estão contidos um ensinamento a ser descoberto, revelado e consumido pelo público.

A ALEGORIA COMO ENSINAMENTO

No mundo primitivo, para que as pessoas pudessem entender as lições de sabedoria e de valores espirituais, a Igreja passou a criar rimas e fábulas de agrado da plebe vulgar, com o objetivo de esconder o que sabiam e, assim, cultuar o temor a Deus, os

8   Ibidem, p. 250.
9   Ibidem, p. 236.

bons costumes e a boa conduta. Para que cada expressão fosse comunicada corretamente, os alegoristas recorriam a uma verdadeira erupção de imagens que, com recursos estéticos, eram conduzidas ao sublime. Os exegetas da escrita alegórica transpuseram seus procedimentos para a construção de imagens, investindo no seu poder de significação incomensurável e arrebatador. Cria-se, assim, um jogo de imagens com o espectador capaz de mobilizar seus pensamentos a partir de uma série de percepções sensoriais, envolvendo formas de olhar para a obra. Algo que a palavra, por si só, não era capaz de comunicar. Nesse caso, o antigo ditado fazia-se presente: uma imagem valia mais que mil palavras. A relação pretendida pelo alegorista envolve a imagem e o observador, e está formalizada em procedimentos capazes de induzir o espectador ao simulacro de idas e voltas, de aproximações e afastamentos, da ação de abrir e fechar os olhos para ocultar e enxergar o *outro* a que a obra remete.

Nessa direção, dissecar, portanto, uma imagem alegórica significa abordá-la não pela forma como ela é olhada, mas considerá-la também pelo ponto de vista de como ela olha o mundo e o projeta, debruçando-se na sua verdadeira vocação, que é ir além da visibilidade evidente. Trata-se de entendê-la a partir das suas reverberações e rebatimentos. Para tanto, é preciso analisar três dos seus aspectos: anacronia, duplicação e visualidade.

A anacronia consiste no processo de montagem, de justaposição de imagens, permitindo não só sua ressignificação, como também sua reconstituição fora do seu espaço e tempo originais. Já a duplicação relaciona-se à operação de se apropriar de fragmentos de imagens, reproduzindo-as em outros contextos, distintos dos cenários para os quais foram concebidas. Além disso, a visualidade está preocupada com a "pele" da imagem, ou seja, com a sua própria constituição visual, artística e alegórica. Tem-se, nesse aspecto, os indícios que levaram o artista à construção pictórica da obra, suas escolhas materiais e suas opções técnicas e organizacionais que permitiram dar forma à obra no espaço. As possíveis conjunções desses aspectos atuam diretamente na capacidade comunicativa da imagem alegórica e são fundamentais para a indução do ensinamento que se pretende dar ao espectador.

Portanto, o ensinamento pretendido com as imagens alegóricas vai além da mera exposição ou do ato explicativo das coisas. Ele está contido na imagem de forma figurada e, de acordo com o étimo da *alegoria*, que significa *dizer o outro*, cada elemento exposto na composição deve ser lido e percebido como algo que quer dizer outra coisa que não é o seu sentido original. Vale ratificar que o ensinamento presente na alegoria surge como algo a ser desvelado, como um novo conhecimento. Novas significações para coisas já significadas despontam durante a leitura da imagem alegórica. Aquilo que parecia velho torna-se novo. Inova-se. A chave da alegoria está nela própria e também na realidade de quem a observa. Ela se encontra tanto no significante como no seu significado presente. Assim, afirmamos que ela é a expressão e o resultado das divergências e convergências de inúmeros olhares sobre as forças sociais.

A propedêutica do ensinamento alegórico está na didática da descoberta, do método indutivo. Os recursos técnicos de apropriação de outras imagens – a colagem, a justaposição, a montagem e, como já foi destacada, a fragmentação – possibilitam o jogo dialético de descobertas a serem realizadas pelo contemplador da obra. A compreensão e o entendimento da imagem alegórica ocorrem na relação com o passado mais longínquo, capturado pelo alegorista e atualizado por ele, a partir da situação presente do espectador, lançando-o para outra dimensão que está presente na obra, mas que se realiza fora dela. Em outras palavras, o processo contemplativo da imagem alegórica se efetua de forma dialética, envolvendo um jogo entre o passado e o presente. Ao compreender esse jogo, o pensamento do espectador é conduzido para a sua capacidade de imaginar, recriar e transpor limites. O que nos é dado é a possibilidade de esquecimento histórico daquilo que ameaça desaparecer e, concomitantemente, da capacidade de revigoramento da história sob outros meios de dominação.

Na concepção de Benjamin, a imagem está relacionada ao umbral e, como tal, permite o despertar do espectador e a sua entrada para um novo mundo, para outro espaço de conhecimento.

Ao combinar diversas figuras em uma figura alegórica, a partir do processo de colagem, instaura-se o prazer da antítese. O efeito da antítese está apoiado na relação entre o visual e o discurso que se pretende construir e que deve ser alcançado pelo espectador. Dessa forma, um trono se transforma em cárcere, uma alcova em sepultura, ou uma coroa em grinalda de cipreste sangrento. Tem-se aí o jogo entre aparência e essência. O observador, ao mesmo tempo que vê o objeto, é conduzido a ressignificá-lo para além do seu significado primeiro. Nessa construção alegórica, a metáfora e a apoteose trabalham juntas. O significado irrompe sensorialmente por meio do artifício de uma impressão esmagadora.

Nesse sentido, a Igreja, que influenciou diversos setores da vida, influenciou também a relação do crente com a alegoria, o que trouxe consigo um novo despertar dos seus nexos. No caso da alegoria cristã, a proposta foi tirar o espectador de uma vida em ruínas, ou melhor, da morte anunciada para o mundo de Deus. Com isso, a alegoria realiza o que tem de mais inalienável e que Benjamin qualifica de um "saber secreto e privilegiado, a autocracia no reino das coisas mortas, a imaginária infinitude de um mundo vazio de esperança"[10] para a ressurreição.

Segundo o filósofo, o ensinamento contido na alegoria está intimamente relacionado ao mau, que é introduzido no mundo por meio das alegorias bíblicas.

É tarefa do alegorista expor todo conhecimento prático, pagão, como saber do mau e, ao mesmo tempo, indicar aos seus espectadores o saber do bom cristão. O que não tem existência real passa a existir sob o olhar subjetivo da virtude. A alegoria é o instrumento didático para a ditadura julgadora das coisas reais, dos vícios e também para a condução ao mundo das significações. Todo esse plano pedagógico deve ocorrer no momento da contemplação: o "pecado original, a unidade de culpa e significação emerge como abstração, diante da árvore do 'conhecimento'"[11].

Nesse sentido, o objetivo da contemplação não é o de harmonização entre o espectador e a imagem alegórica, mas de consciência da sua culpa, que cada um carrega pelo simples fato de ser. A proposta é desestabilizar o observador, tirá-lo do estado de reverência para o estado de arrebatamento.

---

10 Ibidem, p. 255.
11 Ibidem, p. 256.

Com base nisso, a ação contemplativa da alegoria está na estupefação, ao contrário da inação, isto é, da subordinação presente na reverência. A contemplação se converte na chave para um saber oculto. Nela reside a possibilidade de leitura escritural da imagem. Declara-se, então, o plano pedagógico da Igreja ao utilizar a alegoria como ensinamento.

Cabe destacar que a contemplação da imagem alegórica não está circunscrita nela mesma, mas na decifração e nas correlações de ideias e conceitos que possibilitam ao observador mergulhar no passado e realizar um salto estratégico para o futuro. Contemplar uma alegoria não é, portanto, aprender a decifrar apenas a tessitura de significados presente na imagem, mas também a realidade histórica que a originou.

Uma imagem alegórica permite ver o distante como algo próximo e o próximo como algo distante. Em termos ilustrativos, tomemos a imagem do sol, que é substituído pela nuvem. Observamos que a ausência do sol não nos retira a vontade de vê-lo; ao contrário, intensifica-se no contemplador o desejo do seu reaparecimento e a sensação de calor. Ademais, alinhado à nuvem está o sol ausente. Na verdade, o que permanece no contemplador não é nem a figura da nuvem, nem a do sol, mas o desejo: desejo de ter o sol, malgrado sua eminente ausência. Isso nos conduz ao conceito de "aura", defendido por Benjamin. Para ele, a aura da imagem alegórica nada mais é do que seu sentido glorificador. É ela que aproxima o espectador da sua capacidade de transcendência sacralizadora e reverbera no observador, mesmo quando está diante da obra. Nesse sentido, a aura emana da imagem e convida ao mergulho no caminho semântico, afirmando a sua existência e sua permanência como imagem alegórica no espectador.

Por intermédio da aura a "criatura muda, pode ter a esperança de salvar-se através das coisas significadas. A astuta versatilidade do homem se manifesta, e dando, na consciência de si, um aspecto humano ao elemento material, num cálculo depravado, contrapõe ao alegorista o riso zombeteiro do inferno"[12].

Pode-se afirmar que a aura está imbricada com o *outro* que, numa imagem alegórica, produz aquilo que não se pode

12   Ibidem, p. 250.

tocar e nem ser visto no plano real, que permite transcendê-la. O *outro*, historicamente, pertence ao sublime e é chamado por Benjamin de *aura*.

No ensaio *O Narrador*, Benjamin nos apresenta dois tipos de narradores: o marujo e o velho camponês. O marujo, com suas histórias, traz para perto terras distantes e exóticas. Já o velho camponês, preso à sua terra, conta histórias dos tempos antigos. O primeiro aproxima o que está distante no espaço. O segundo aproxima o que está distante no tempo. É com base no recurso da aura que os narradores conseguem tornar próximo o que está distante, e produzem o fascínio e o encantamento em seus ouvintes. O alegorista, ao se apropriar do passado, ilumina o presente e motiva a realização de um salto à aura que emana da sua obra. Em razão do que foi exposto, pode-se compreender o alegorista como um narrador do seu tempo, ora como um marujo, ora como um camponês.

O ALEGORISTA PIETER BRUEGHEL, O VELHO: MARUJO E CAMPONÊS

Como alegorista, o artista Pieter Brueghel, o Velho, foi um narrador de seu tempo. Não pintava apenas as exterioridades das formas, como era comum à maioria dos pintores da sua época. Interessava-lhe o olhar dos camponeses, a sabedoria cotidiana, o satânico, o flagelo dos dementes, o grotesco e os múltiplos disfarces do mundo violento, desagregador e de instabilidade espiritual.

Em consonância com a personagem do velho camponês, de Benjamin, aquele que está preso à sua terra, que conta histórias do seu tempo, está o Brueghel no quadro *A Luta Entre Carnaval e Quaresma*, de sua autoria.

O velho Brueghel fez um inventário da sua época, o que nos permite, hoje, aproximar o espectador de um tempo distante, às vezes esquecido.

Na obra *A Luta Entre Carnaval e Quaresma*, podemos encontrar correspondências entre os acontecimentos da sua época e a maneira como ele era levado a pintá-los. Nela, vemos o profano e o religioso postos lado a lado na praça. Múltiplos enredos da vida cotidiana são justapostos. Vemos, à direita, religiosos ao lado de

FIGURA 1: *Pieter Brueghel, o Velho*, A Luta Entre Carnaval e Quaresma (*1559*).

FIGURA 2: *Pieter Brueghel, o Velho*, A Torre de Babel (1563-1567).

enfermos e pedintes. No centro, um homem fantasiado de animal atravessa a praça, enquanto um grupo de mulheres arruma e limpa os peixes. No lado direito da imagem, ao fundo, observa-se uma procissão, ao mesmo tempo que uma mulher limpa as vidraças da casa em cima de uma escada. No lado esquerdo da obra, na porta de um edifício, um grupo de pessoas bebe. Há, ainda, um grupo de fanfarrões que se divertem ao som de músicas, danças e jogos. Alguns estão entregues aos prazeres mundanos; muitos, aos afazeres da vida cotidiana; outros, aos atos de contrição religiosa. O artista pinta a vida em curso e a luta representada não é uma luta sangrenta. Brueghel narra a festa da carne e o período de quarenta dias de penitência e meditação que, por meio da prática do jejum, da esmola e da oração, devem preparar os cristãos para a grande festa da Páscoa.

Ainda de acordo com a perspectiva benjaminiana, a obra *A Torre de Babel*, de Brueghel, seria a alegoria aproximada do marujo, aquele que trouxe para perto terras distantes e exóticas.

Nessa obra, vemos uma estreita relação com os portos da Antuérpia, numa época em que o capitalismo surgia. Essa cidade tornou-se o centro econômico e financeiro do mundo ocidental, e um ponto de encontro dos comerciantes estrangeiros. Os registros históricos afirmam que o rápido progresso da cidade acabou por desorientar os habitantes de Antuérpia.

Brueghel relaciona esse fato com o episódio bíblico referente à construção da Torre de Babel. Segundo a alegoria bíblica, os homens resolveram construir uma torre para alcançar o céu e isso desagradou a Deus, levando-o a retirar dos homens a linguagem comum. Esse castigo inviabilizou o término da obra. Com base nessa alegoria, Brueghel reconstitui o fato numa costeira marítima. Vale destacar que foi pelo mar que os holandeses adquiriram grande parte da sua riqueza.

Brueghel representa a torre em construção e ela parece pender para o fundo da imagem. O material sólido e rochoso que compõe a construção contrapõe-se à inclinação da torre, demonstrando certa instabilidade. Na imagem, observa-se o aparato físico e tecnológico necessário para transportar os blocos de pedra até o edifício. Na parte inferior, à direita, o velho Brueghel pinta a chegada de um nobre, em meio aos blocos de pedras, que ainda serão utilizados na construção. A postura de altivez do nobre contrasta com a atitude de reverência dos operários que trabalham no empreendimento.

Podemos transformar essa imagem na alegoria cosmopolita, na qual é possível contemplar um Brueghel universal.

Na época do artista alegorista, os valores se modificavam vertiginosamente. Distâncias inimagináveis eram aproximadas. Continentes, nunca antes descritos, começavam a ser revelados. O capitalismo se expandia, as cidades cresciam e os artesãos já produziam para além do seu mercado. O monge alemão Lutero colocava em curso sua cisma protestante e a Alemanha vivia a guerra dos camponeses contra os senhores feudais. Na arte, a pintura italiana renascentista se desenvolvia com base na perspectiva e na representação minuciosa da anatomia humana, e os retratos a óleo e os afrescos eram as composições mais difundidas. Na França, o padre François Rabelais debochava de tudo aquilo que o mundo feudal considerava bom e definitivo. O tempo de Brueghel era de instabilidade, em que a antiga visão de mundo se estremecia e tudo que era sólido começava a desmoronar. Guerras religiosas eram travadas ao lado de festas e da degradação humana.

Brueghel se esmera em ser um alegorista que prossegue com a tradição hermenêutica. Entretanto, suas obras não se alinham ao plano pedagógico cristão, uma vez que não enveredam pela alegoria fácil que tende à glorificação da vida espiritual, em detrimento da vida cotidiana. Em outras palavras, as alegorias brueghelianas não estão circunscritas aos cânones da visualidade apregoada pela Igreja Católica: "em Brueghel as intricadas alegorias também têm uma força interna capaz de remetê-las aos fatos, sem atá-las a um acontecimento especial"[13]. É nesse sentido que sua obra ganha força comunicativa. A quantidade e a qualidade de coisas que o artista é capaz de nos apresentar, de modo sintético, leva-nos a enxergar sua obra como uma escrita pictográfica de determinada época, que se universaliza no momento em que sua *aura* está voltada para a natureza alucinante e, ao mesmo tempo, à delicadeza da vida humana e às inclemências sociais.

Para que se possa identificar o verdadeiro sentido das suas obras, a leitura intertextual é uma ação imperiosa ao contemplador. A ilação presente na escrita pictográfica de Brueghel nunca é única. Em sua produção, não está representada a verdade, entretanto há inúmeros pontos de vista que se dispersam e se justapõem de forma desordenada pelo espaço da obra.

Encontramos, assim, em suas produções fragmentos de vidas cotidianas alegorizadas em figuras que parecem se deslocar pelo espaço em movimentos estudados como numa *gag* do cinema mudo. Brueghel mostra admiravelmente que, no mundo cotidiano, há "sempre uma dispersão, uma desorganização, uma sequência imprevisível de fatos banais, inevitáveis, como a cabeça de um cão que aparece por baixo da mesa"[14], por exemplo. Portanto, ao estudar as suas obras, a partir da perspectiva alegórica, veremos que o fragmento é utilizado por Brueghel tanto como recurso narrativo, didático, como estético. São as sucessões de fragmentos justapostos que nos conduzem à plurissignificação das suas obras, opostas à ideia de imagem-síntese da virtude ou dos bons costumes. O efeito emblemático se encontra na tematização de alegorias bíblicas, contextualizadas dentro de um cenário apocalíptico dos Países Baixos.

13 M.C. de Almeida, *Mestres da Pintura: Pieter Brueghel, o Velho*, p. 14.
14 Ibidem, p. 21.

A obra de Brueghel nos apresenta, normalmente, uma grande tensão, uma vez que nela o homem está ora temeroso, ora indiferente à vida. Somos arrebatados pela consciência primária e rústica dos homens que buscam se defender da morte ou do terrível. Essa tensão será determinante para o jogo que o artista pretende desenvolver com o espectador.

Assim sendo, os elementos que envolvem a construção de uma alegoria são magistralmente desenvolvidos pelo artista como recurso didático, como efeito técnico ou como proposta reveladora de uma determinada consciência que almeja no espectador.

Brueghel conduz o espectador a uma atitude de exame, de investigação. As personagens da obra fundem-se, aglomeram-se em pequenas cenas paralelas, e, diante das diversas situações apresentadas simultaneamente, o artista não determina previamente o posicionamento do observador diante da imagem. Cabe ao espectador fazer as suas escolhas, ao mesmo tempo que oferece múltiplas leituras sobre o fato. Valendo-se do *desenquadramento* e da não sequencialidade, o artista cria um estado de inquietude no observador, forçando-o a encontrar não um único enquadramento, mas diversos. A visualidade em suas obras instaura uma atitude de estranheza ao espectador habituado às imagens centradas, formalizadas pela perspectiva renascentista clássica. O pintor deixa a critério do observador definir por qual ponto de vista ou por quais pontos de vista a história pode ser interpretada. Para alguns estudiosos, essa forma de compor suas obras estaria em consonância com os maneiristas.

Enquadrá-lo, porém, em um determinado estilo ou corrente estética seria arbitrário às suas proposições artísticas. O que podemos dizer é que sua maneira de criar e fazer arte conjumina influências renascentistas, muito provavelmente oriundas da sua relação com o artista Pieter Coeke; de artistas paisagistas no atelier de Hieronymus Cock; e de Bosch, que explorava a abolição da fronteira entre o sonho e a realidade em suas obras. O que é possível afirmar é que suas obras narram plasticamente as angústias e as alegrias cotidianas dos seres humanos, condicionados aos hábitos e às tradições. Brueghel é um artista inquieto com a vida rústica e seus secretos contrastes e acordos. A "pele" de suas obras revela, na esfera das artes plásticas, uma intrusão, um delito contra a pretensa paz e a ordem pretendida no campo da normatividade artística renascentista.

Brueghel viveu no período da arte renascentista e a história registra que teve contato com as obras dos mestres dessa época, como Ticiano (c.1487-1576), Michelangelo (1475-1564) e Rafael (1483-1520). Esses artistas o influenciaram como paisagista e exímio colorista. Ele tem um domínio apurado da perspectiva clássica renascentista e isso fica evidente na maneira como desconstrói esse recurso óptico em suas obras em planos e subplanos. Contudo, a temática da maioria das suas obras liga-se ao medievo, à retomada de temas bíblicos e às manobras bélicas com as quais a Espanha procurava manter os Países Baixos sob seu domínio. O artista recorre à concepção grotesca, típica da cultura cômica popular, para retratar as histórias e intempéries medievais. A praça, as festas carnavalescas, as visões de além-túmulo, os tolos, as lendas de gigantes, as epopeias de animais e as bufarias alemãs passam a ser temas recorrentes nas obras de Brueghel.

É dessa maneira que o artista também não se sujeita aos cânones do belo e do sublime, impostos pelos padrões das formas e das proporções naturais da arte erudita. Em suas obras, o ideal de beleza não está separado da feiura. Pode-se afirmar que, por meio do grotesco, ele coloca em xeque a supremacia do belo sobre o feio e, ao mesmo tempo, nos permite perceber que ambos são complementares e se estabelecem numa relação dialética no mundo da significação.

Cabe destacar que, etimologicamente, a palavra "grotesco" vem do italiano *grotta* (gruta), acompanhada do sufixo *esco,* e passou a ser grafada desse modo a partir do Renascimento. Há também o registro do termo "crotesque", que deriva do latim *crypta,* que tem sua origem na palavra grega "kryptós".

Na história da arte, o grotesco se consolidou como representação estética em 1480, quando foram realizadas escavações em Roma. Sob restos das termas de Trajano e Titus, nas ruínas do palácio do imperador Nero (58-64 a.C.), foi encontrada uma espécie de pintura ornamental totalmente insólita em relação às imagens difundidas como sendo o modelo do classicismo romano. Durante as escavações, enquanto os pesquisadores tentavam juntar as peças do quebra-cabeça dos escombros, artistas renascentistas buscavam decifrar os afrescos pintados por Fabullus nas paredes da Domus Áurea, o palácio de Nero. Ao descerem às grutas, Gionani da Udine, Rafael e Pinturicchio viram nas imagens de Fabullus um novo vocabulário a ser incluído ao desenho de ornamento. Essas visitas à *grotta* configuraram um novo conhecimento visual, que se fazia estranho à época pelas características extravagantes das pinturas em questão. Nesse contexto, o arquiteto romano Vitrúvio (aproximadamente 40 a.C.), em seu tratado sobre arquitetura, documenta o importante impacto das imagens grotescas da Domus Áurea. Ele afirma que esses motivos receberam uma fama iníqua, e a sua difusão injusta não foi capaz de fazer com que se compreendesse que, em vez de pintar retratos do mundo real, cânone determinante no classicismo, os artistas romanos preferiam pintar monstros nas paredes. No lugar das colunas, pintavam talos canelados, com folhas crespas e volutas. No lugar da ornamentação dos tímpanos, surgiam das raízes flores delicadas que se enrolavam e desenrolavam, fazendo surgir figuras sem nenhum sentido. Havia, também, pedúnculos que sustentavam meias figuras, algumas com cabeças humanas, outras com cabeças de animais.

No entanto, apesar da estranheza causada, artistas renascentistas passaram a utilizar os motivos grotescos para decorar as margens das suas obras, deixando o centro para a pintura principal. Esse motivo causou polêmica no século XVI e, ao permanecer como um estilo marginal, deixou de ocupar as páginas dos livros de história da arte.

As deformidades da natureza representadas nas obras foram compreendidas como manifestações oníricas e surreais dos pintores, o que sublinhou o caráter imaginário do grotesco. Já as formas inusitadas evocavam o mesmo jogo de dar sentido aos contornos que as nuvens desenhavam no céu.

Leonardo da Vinci, em *Trattato della Pittura* (publicado em Roma, em 1792), aconselha seus discípulos a exercitarem a fantasia, observando nuvens e manchas para descobrir o que essas formas poderiam sugerir.

No final do século XVI, o grotesco toma conta dos palácios, ornamentando as fachadas. Ele invade a arquitetura, a cerâmica, a tapeçaria e as artes consideradas menores. Artistas como Gaudenzio Ferrari, Signorelli, Filippino Lippi, Andrea di Cosimo, Giuliano da Sangallo e Michelangelo incluem em suas obras representações grotescas. Mesmo com o movimento da contrarreforma, que buscava bani-lo das obras de arte, o grotesco passou a ter forte penetração em países transalpinos e acabou por conquistar os domínios das artes plásticas e da imprensa. No entanto, ele ocupou a margem e não o centro da arte. O centro das obras renascentistas era reservado aos critérios artísticos que reproduziam a chamada verdade natural e a verossimilhança, critérios discutidos e defendidos desde Platão, Aristóteles, Horácio e outros.

A história da arte não deu ao grotesco o *status* de estilo artístico. A justificativa para a sua desqualificação pode ser encontrada nos estudos de Bakhtin, que revelam que esse motivo era parte constituinte do universo imaginário popular das festas, dos rituais de carnavalização, pertencentes à história não oficial, da vida mundana do povo. Muito provavelmente, a representação do grotesco com características de monstruosidade, com seus hibridismos, misturando elementos animais com humanos e vegetais, não era de agrado da história oficial, que estava voltada para os ideais de elevação, de sublimação do espírito, portanto, muito distante das coisas da Terra.

No grotesco, o fantasioso é o limite para a criação. Ao representar seres estranhos, ridículos, criaturas que são verdadeiras aberrações da natureza, em oposição à concepção de perfeição, imagem e semelhança de Deus, os artistas acabam por desencadear risos nos observadores e as produções assumem um caráter crítico. Pintores como Hieronymus Bosch (1450-1516), Pieter Brueghel, o Velho (c.1525/30-1569), Jan Bruegel, o Jovem (1564-1638) e Giuseppe Arcimboldo (1527-1593) tornam-se mestres na representação do grotesco. A caricatura de Jacques Callot (1592-1635) insere-se nesse domínio, assim como a sátira deflagrada na *Commedia dell'Arte*.

No século XVIII, o termo "grotesco" surge nos escritos do alemão Martin Wieland (1733-1813), que o consagra como estilo que deve ser estudado. Já no século no XIX, ele volta com força e polêmica, por intermédio de pensadores como Kant, Hegel, Hoffmann e Friedrich Schlegel, e de escritores como Goethe e Edgar Allan Poe. Muitas vezes, o grotesco foi chamado de arabesco, o que é um equívoco, já que os arabescos não representam a forma humana.

O poeta francês Victor Hugo, no prefácio de sua obra teatral *Cromwell*, afirma que o objetivo da arte moderna seria a reunião harmoniosa do grotesco e do sublime, porquanto objetiva a construção de uma forma mais elevada de arte.

Ressaltam-se, no século xx, os estudos de Wolfgang Kayser, em sua obra *O Grotesco*, e de Mikhail Bakhtin, em *A Cultura Popular na Idade Média e no Renascimento*, considerados os principais teóricos do grotesco. Enquanto Kayser o apresenta como categoria estética trans-histórica, Bakhtin elabora sua tese no enraizamento da cultura popular.

Para Kayser, as obras grotescas trazem à tona imagens provenientes do *Id*, que seriam a plasmação artística freudiana do grotesco. Assim sendo, esse motivo figura como fantástico, mas se conserva no domínio do realismo, transitando entre o obscuro, o sinistro e o inconcebível. O estudo de Kayser é diacrônico, pois objetiva analisar o grotesco século a século.

Já Bakhtin elabora um estudo sincrônico, analisando o grotesco a partir de fatos da cultura popular da Idade Média e do Renascimento. Ao examinar a ligação com as festas populares, em especial o Carnaval, Bakhtin delineia o vocabulário desse estilo: a máscara, a hipérbole, o caótico. Para o autor, o fenômeno popular do grotesco opõe-se ao da cultura dita oficial, ou clássica, reforçando a polêmica estabelecida entre os dois estilos.

Vale insistir que, para o teórico russo, no grotesco está localizada a expressão da libertação do povo contra uma sociedade hierarquizada, estratificada. Na sua concepção, ele busca derrubar todas as convenções e preconceitos da cultura oficial, trazendo à tona um sistema de imagens ligadas ao baixo corporal, isto é, à terra, ao nascer, ao morrer, aos ciclos da vida e às necessidades básicas da existência. Essas imagens assumem contornos exagerados, hiperbólicos, cujos excessos são elementos estilísticos marcantes que suscitam no leitor o estranho, o cômico ou o escárnio.

Para Heinrich Schneegans, em *Geschichte Der Grotesken Satire* (História da Sátira Grotesca, 1894), na Idade Média e no Renascimento coexistem três tipos de cômico: o cômico bufo, o cômico burlesco e o cômico grotesco[15]. O cômico bufo lida com o riso direto, ingênuo e espontâneo. Já o cômico burlesco é acionado com base na malícia, no rebaixamento das coisas elevadas, como apresentar Hécuba lavando fraldas, por exemplo. Nesse caso, o riso não é direto; é preciso conhecer a trajetória de Hécuba para rir da sua situação de rebaixamento. O grotesco visa à ridicularização de certos fenômenos sociais, ressaltando ao extremo os vícios das pessoas. Assim sendo, o riso também não é direto. O leitor precisa conhecer as circunstâncias sociais criticadas. "Grotesco é aquilo que é cômico por um efeito caricatural burlesco e estranho. Sente-se o grotesco como uma deformação significativa de uma forma conhecida ou aceita como norma."[16]

O GROTESCO NO EPICENTRO DA ARTE

No período romântico, o grotesco surge como forma capaz de contrabalançar a estética do belo e do sublime, colocando em discussão a relatividade dos julgamentos estéticos.

O que passa a estar em jogo é a experiência estética. Se, de um lado, temos o grotesco que focaliza o expurgo, a promoção de uma experiência exteriorizada, distanciada, de outro, temos o sublime como experiência capaz de nos levar ao êxtase.

Os artistas modernos mantêm suas oposições ao ideal de beleza, demonstrando como o homem é feio e lamentável, quer como opressor, quer como oprimido. Nesse sentido, o grotesco passa a ser representado por meio de imagens ultra-humanas ou sub-humanas.

Como exemplo, podemos dizer que são grotescas as personagens representadas nas obras de Toulouse-Lautrec, as figuras disformes de Paul Cézanne, as destruições de unidade presentes nas composições de Picasso, nas deformações expressionistas, em imagens hiperbólicas e carnavalescas do artista colombiano Francisco Botero, nas transmutações das personagens de Kafka, assim como no universo ficcional das obras de Gabriel García Márquez.

---

15 Apud M. Bakhtin, *A Cultura Popular na Idade Média e no Renascimento*.
16 P. Pavis, *Dicionário de Teatro*, p. 188.

No teatro, o grotesco mantém seu princípio de deformação, enfatizando a experiência concreta e os detalhes realistas. Com base na estética de Rabelais e Victor Hugo, o encenador russo Vsévolod Meierhold se refere a esse estilo como forma de expressão, por excelência, do teatro. O exagero, a desfiguração da natureza, a insistência sobre o lado sensível e material das formas, a fragmentação, a passagem do familiar ao estranho tornam-se elementos importantes para a construção de uma teatralidade consciente.

Segundo Pavis, não existe o grotesco no teatro moderno, mas apenas projeções estético-ideológicas grotescas. "Da mesma forma que o distanciamento, o grotesco não é um simples efeito de estilo, ele engloba toda a compreensão do espetáculo."[17] E está ligado ao tragicômico, mantendo um equilíbrio instável entre o risível e o trágico. Apoiado num cômico cáustico, ele paralisa a percepção do espectador, impossibilitando-o de rir ou chorar, simplesmente. A inversão contínua de perspectivas faz surgir a contradição entre o objeto que se vê realmente e o objeto abstrato, que se imagina. Dessa forma, torna-se estranha a visão concreta e a abstração intelectual que, em geral, caminham juntas.

O grotesco tragicômico é rapidamente transposto para o teatro contemporâneo. Para dramaturgos como Ionesco, Beckett e até mesmo Bertolt Brecht, o grotesco seria uma última tentativa de compreender o universo tragicômico do homem atual, seus dilaceramentos, inclusive sua vitalidade e suas possibilidades de regeneração por meio da arte.

Brecht, nas observações que faz sobre o efeito de estranhamento nas obras narrativas de Pieter Brueghel, o Velho, afirma que mesmo quando o artista equilibra seus opostos, ele não os equipara uns aos outros. Para o dramaturgo alemão, nas imagens de Brueghel não existe uma separação entre o trágico e o cômico. As configurações trazem a dialética do trágico no cômico e do cômico no trágico.

Na contemporaneidade, o termo "grotesco" tornou-se muito mais amplo, de tal forma que passou a ser impossível determinar os contornos de sua natureza. Com a ação da mídia e

17 Ibidem.

dos seus efeitos, com a existência do computador e suas possibilidades imagéticas e virtuais, com o corpo humano sendo devassado, clonado, recriado, fraturado, não é possível pensar no grotesco apenas como um estilo estético ou algo atrelado à cultura popular. Na contemporaneidade, ele deixa de ser apenas um sinal de resistência à cultura oficial. Primeiro, porque as fronteiras entre cultura oficial e cultura popular já não são tão nítidas assim. Segundo, porque na contemporaneidade ambos se retroalimentam, a tal ponto que o grotesco passa a ser explorado não como estilo estético ou como fenômeno popular, mas como ações que regulam as relações dos homens com outros homens.

Agora, o grotesco não ocupa a margem, mas o epicentro da arte. Os artistas de tempos mais remotos mostravam, por certo, aquilo que parece um autotestemunho nos românticos e nos realistas, isto é, um olhar frio sobre a terra. Passa-se a ver a vida como um jogo de títeres, vazia, sem sentido. Já não cabe mais o divino no teatro, nem a encenação da natureza. Surge um teatro de marionetes, caricato. Faz-se presente o antigo topos do *theatrum mundi*, segundo o qual nossa essência mais íntima é constituída de poetas, encenadores e atores de uma peça. Isso se relaciona diretamente com duas espécies de grotesco difundidas no mundo antigo: o grotesco fantástico, constituído pelo mundo onírico, e o grotesco satírico, formado pelo amontoado de máscaras. Essas duas espécies são fundamentais também nas obras de Brueghel. Muito antes dos pintores modernos, as criações alegóricas fantásticas e satíricas estiveram no epicentro das obras do artista, e não só rompem com os axiomas acadêmicos da época, mas, de acordo com elas, o espectador é conduzido às idiossincrasias da natureza humana.

Assim sendo, como a maioria dos projetos artísticos contemporâneos, Brueghel coloca questões cruciais ao espectador por conta da sua ambiguidade estética e citacionista. De suas obras, fluem proposições estéticas pautadas na técnica da colagem e da montagem, que marcaram a arte do século XX e até hoje vêm sendo revisitadas pelos artistas contemporâneos. Tais proposições são apontadas por Benjamin como as principais características da imagem alegórica, quais sejam: a apropriação e subtração do sentido, e a fragmentação e justaposição dialética do significante e do significado. Isso impõe procedimentos de leitura às suas obras que permitam lê-las como documentos histórico-alegóricos, muito além da forma e dos efeitos estéticos.

Parafraseando Benjamin, diríamos que as obras de Brueghel não estão na história como um ponto sobre a linha. Elas permitem reafirmar a concepção de que a arte não é a simples imitação das coisas, mas *um intervalo no tempo feito visível*[18], um rasgo na história. Assim sendo, torna-se fundamental a leitura da sua obra, a percepção de que ela se configura ora como documento histórico, ora como linguagem.

---

18 W. Benjamin, op. cit, p. 276.

2. Leitura de Imagem

princípios teóricos e didáticos

*eu me detenho na palavra e, mais ainda
do que na palavra, na sua figura, na sua linda
imagem. Sempre me afeiçoei mais à imagem
do que às palavras. E tudo acabará com uma
imagem, não com uma palavra.*

CHRISTA WOLF[1]

Ao discorrer sobre uma série de gravuras de Pieter Brueghel, o Velho, intituladas *Os Setes Vícios Capitais*, torna-se importante abordar a questão da leitura de imagem. Quais são as imbricações entre a visualidade de uma imagem e sua leitura? No processo de leitura, o espectador constrói a imagem ou a imagem constrói o espectador? Qual é a ação projetiva do espectador sobre a imagem? Além das discussões acerca desses questionamentos, neste capítulo sugerimos uma metodologia para a leitura da imagem alegórica, especulando a respeito das relações entre imagem e teatro. A imagem como modelo de ação para a construção do *tableau vivant* é o foco da análise teórica.

Se o grotesco, como estética, teve que percorrer alguns séculos para ocupar o epicentro da arte, a imagem, ao contrário, sempre esteve no centro das relações do homem com o mundo. Uma das primeiras alegorias a abordar essa relação foi o "mito da caverna", chamado também de "alegoria da caverna", do filósofo Platão (século IV a.C). A história transcorre em forma de um diálogo metafórico entre Sócrates, Glauco e Adimanto.

---

1 Epígrafe do programa do espetáculo *Kassandra in Process*, do grupo Tribo de Atuadores Ói Nóis Aqui Traveiz, Sesc Pompeia, São Paulo, 2007.

Durante o diálogo, Sócrates conta a história de homens que vivem numa morada subterrânea, onde estão acorrentados e forçados a ficar de costas para a entrada da caverna. Ele enfatiza o efeito, para os acorrentados, das sombras nas paredes, produzidas por outros homens que estão fora da caverna. Os prisioneiros acreditam que as imagens e as suas alterações, que às vezes os aterrorizam, são reais. Um dos prisioneiros decide abandonar o local e, após ter ultrapassado um muro construído acima da entrada da caverna, como as "divisórias que os apresentadores de títeres armam diante de si e por cima das quais exibem as suas maravilhas"[2], ele percebe, fora dela, que as imagens projetadas são as sombras de homens como ele, assim como de toda a natureza. Essa fábula nos ensina que a ignorância humana pode ser superada por intermédio da educação. Para Platão, a consciência contempla dois domínios: o das coisas sensíveis (*eikasia* e *pístis*) e o das ideias (*diánoia* e *nóesis*). O filósofo coloca em discussão o lugar da realidade: estaria no mundo das ideias? Ou no mundo ilusório das coisas sensíveis?

A lição a ser ensinada, com base nessa alegoria, é de que só haverá conhecimento se percebermos as imagens (*eikasia*) como objetos mutáveis e corruptíveis. Podemos dizer que, além de narrar os descaminhos de um ignorante com relação à realidade, Sócrates discorre sobre os procedimentos que permitiriam ao homem ler a realidade com mais justeza. No caso da alegoria, a imagem/sombra. Assim sendo, pergunta aos seus interlocutores:

Considera agora o que lhes acontecerá, naturalmente, se forem libertados das suas cadeias e curados da sua ignorância. Que se liberte um desses prisioneiros, que seja ele obrigado a endireitar-se imediatamente, a voltar o pescoço, a caminhar, a erguer os olhos para a luz: ao fazer todos esses movimentos sofrerá, e o deslumbramento impedi-lo-á de distinguir os objetos de que antes via as sombras. Que achas que responderá se alguém lhe vier dizer que não viu até então senão fantasmas, mas que agora, mais perto da realidade e voltado para objetos mais reais, vê com mais justeza? Se, enfim, mostrando-lhe cada uma das coisas que passa a obrigar, à força de perguntas, a dizer o que é? Não achas que ficará embaraçado e que as sombras que via outrora lhe parecerão mais verdadeiras do que os objetos que lhe mostram agora?[3]

---

2   Platão, *A Alegoria da Caverna*, p. 105-109.
3   Ibidem.

Além de refletir sobre formas de libertar o homem das suas cadeias e curá-los da ignorância, que perpassa procedimentos que vão desde endireitar a cabeça para ver melhor até um processo heurético, Sócrates conclui discorrendo sobre o efeito de tal aprendizado:

Agora [...] é preciso aplicar, ponto por ponto, esta imagem ao que dissemos atrás e comparar o mundo que nos cerca com a vida da prisão na caverna, e a luz do fogo que a ilumina com a força do Sol. Quanto à subida à região superior e à contemplação dos seus objetos, se a considerares como a ascensão da alma para a mansão inteligível, não te enganarás quanto à minha ideia, visto que também tu desejas conhecê-la [...] a minha opinião é esta: no mundo inteligível, a ideia do bem é a última a ser apreendida, e com dificuldade, mas não se pode apreendê-la sem concluir que ela é a causa de tudo o que de reto e belo existe em todas as coisas; no mundo visível, ela engendrou a luz; no mundo inteligível, é ela que é soberana e dispensa a verdade e a inteligência; e é preciso vê-la para se comportar com sabedoria na vida particular e na vida pública.[4]

Nesse diálogo final, Platão nos mostra que, para haver, de fato, um aprendizado, é preciso colocar em prática um plano pedagógico, "ponto por ponto". Segundo ele, isso facilitará o processo de aprendizagem e será possível ensinar que, para se ter ideia de algo, é preciso antes *ver*, para que o homem se comporte com sabedoria na vida.

Assim, ler uma imagem consiste, antes de qualquer coisa, em saber ver. Ver compreende a ideia de que toda cena visual, olhada durante certo tempo, nunca será definida por um "ver" inocente. A multiplicidade de percepções particulares, sucessivas, configurará o que podemos chamar de percepção visual.

A percepção visual pode ser definida como realidade perceptiva das imagens, um fenômeno psicológico que nos possibilita perceber, simultaneamente, a superfície plana da imagem e o espaço tridimensional representado. Esse fenômeno determinará a dupla realidade perceptiva sobre a visão que construímos da imagem.

As imagens são objetos visuais paradoxais. De um lado, há duas dimensões; de outro, é possível ver nelas elementos em três

4 Ibidem.

dimensões. O caráter paradoxal está atrelado ao fato de que as imagens representam objetos ausentes, o que tem correlação com o papel da alegoria. A capacidade de ver e reagir diante das imagens são passos também em direção à leitura da alegoria.

As representações visuais, organizadas em espaços bidimensionais, são projeções da realidade tridimensional, e isso implica uma seleção de informações por parte do autor da imagem. Dessa forma, cabe ao espectador a tarefa de lidar com essa ambiguidade, de complementar a imagem com informações armazenadas em sua memória, de sintetizá-la ou relacioná-la com outras configurações visuais. Quanto mais uma imagem trouxer elementos contraditórios, figuras incertas e ambíguas, e representações não informativas, mais ela se tornará instigante para o leitor e este atuará como coautor dos sentidos pensados pelo seu produtor. Isso nos permite afirmar que uma imagem pode ser lida tanto em termos espaciais como em termos das suas significações.

Em vista disso, áreas de estudo que envolvem a psicologia da percepção defendem a ideia de que a realidade perceptiva da imagem se origina na percepção cotidiana da realidade. Ao olharmos o espaço real, o percebemos com base na relação existente entre a figura e o fundo: "percebemos bem figuras (reuniões de superfícies com textura que constituem objetos) em fundos (superfícies com texturas ou não, que pertencem ou não a objetos). É uma das constantes de toda cena perspectiva real"[5].

Num jogo dinâmico entre figura e fundo, os campos visuais são separados por contornos. No interior de um contorno fechado (borda visual fechada), temos a figura. As figuras tendem a ser percebidas primeiro se elas estiverem mais próximas do espectador, mesmo que não sejam reconhecíveis. Elas são mais facilmente identificadas e nomeadas nas experiências visuais e, inclusive, aparentam ser mais coloridas. Tornam-se rapidamente vinculadas a valores semânticos, estéticos e emocionais.

Há de se destacar que a teoria da Gestalt encara a separação figura/fundo como faculdade organizadora espontânea do sistema visual humano. Toda forma é compreendida no seu ambiente, no seu contexto. A relação figura/fundo lida com a estrutura do pensamento abstrato.

---

5 J. Aumont, *A Imagem*, p. 69.

A concepção gestaltista foi criticada pelos teóricos analíticos, para os quais a relação figura/fundo não é um processo espontâneo do pensamento, como acreditavam os teóricos da Gestalt. Ao contrário, os analíticos defendem a ideia de que o processo de distinção entre figura e fundo depende da exploração visual e das expectativas do observador com relação à imagem. Essas propostas estão fundamentadas na teoria da aprendizagem, denominada construtivismo.

Para os construtivistas, a relação figura/fundo compreende um processo de aprendizagem cuja percepção corresponde a fenômenos adquiridos e culturais. Assim, a teoria construtivista se desenvolve no sentido de enfatizar os exames sobre o que significam os contornos (bordas visuais) para o espectador.

A perspectiva construtivista equilibra suas investigações entre o objeto imagem e o espectador, que mobiliza não apenas sua capacidade perceptiva, mas também o conjunto de saberes, afetos e crenças vinculados a um tempo histórico e às experiências sociais e culturais.

Assim sendo, a imagem está atrelada ao domínio do metafórico; ela se encontra na situação de mediação entre a realidade e o espectador, o que determina o seu caráter intencional e seu valor de significação. Podemos afirmar, com base nisso, que o espectador constrói as significações da imagem, mas a imagem também constrói o espectador, fornecendo-lhe elementos que permitem ressignificar o mundo e vê-lo a partir de outros pontos de vista.

Para o historiador Ernest Hans Gombrich, em *A História da Arte*, a imagem tem por função garantir e explicitar a relação do espectador com o mundo visual. Por intermédio do exercício da descoberta visual, há aperfeiçoamento e ampliação da capacidade de leitura do mundo.

Segundo o autor, ler imagens artísticas significa colocar em movimento dois investimentos mentais: o *reconhecimento* e a *rememoração*. O reconhecimento e a rememoração estão imbricados. O trabalho de reconhecer se apoia na memória, nas reservas mentais de formas, de objetos e de arranjos espaciais memorizados. O reconhecimento está baseado na noção de constância perceptiva. Gombrich afirma que constância perceptiva trata da comparação incessante entre o que vemos e o que já vimos.

Por meio da constância perceptiva, o espectador se torna capaz de reconhecer eventuais distorções, de reconhecer na caricatura o modelo. Com base nisso, podemos afirmar que o reconhecimento, pautado na constância perceptiva, não é um processo de mão única. A imagem representa a natureza e, dialeticamente, essa representação influi na maneira de ver a natureza e de significá-la.

Movimentos como a Pop Art transformaram esse princípio em forma de expressão artística. O estado de reconhecimento ligado à rememoração coloca em movimento sistemas de expectativas (as chamadas *expectativas do espectador* sobre a imagem), confrontando conhecimentos prévios a respeito do mundo e da arte. Assim, por intermédio da decodificação da imagem, torna-se tarefa do espectador relacionar e descrever percepções sobre o objeto representado. Nesse sentido, uma alegoria, por exemplo, trabalha dentro dos limites entre o reconhecimento e a rememoração. Toda imagem alegórica traz à baila o *já sabido* e se apoia em imagens que trazem significados prefixados. Ela funciona como modelo, síntese do que deve ser aprendido pelo espectador, alterando sua forma de ver. No caso das alegorias medievais, trata-se de conteúdos religiosos.

O procedimento da rememoração por intermédio da imagem estabelece o que Aumont qualifica de esquema, que nada mais é do que uma estrutura simples, memorizável, que além de possibilitar diversas atualizações, permite ao espectador classificar e identificar as imagens de acordo com suas origens, com seus contextos. No caso de obras de arte, podemos dizer que o esquema é a base da noção de estilo.

Nas formas alegóricas, a presença do esquema é sempre visível e se torna a base das suas configurações. A arte cristã – e, por extensão, toda a arte clássica – sempre se utilizou dos esquemas para alcançar seus objetivos de ensinamento por intermédio da imagem. O esquema deve ser simples, mais legível do que aquilo que esquematiza, pois precisa atingir seus propósitos cognitivos, didáticos.

Nesse propósito cognitivo, é empreendida a recepção da imagem, o que chamamos de leitura cognitivista. Essa leitura está apoiada na teoria cognitivista, que, por sua vez, pressupõe o construtivismo. A teoria da cognição é um ramo da psicologia que visa esclarecer processos mentais envolvidos na construção do conhecimento, incluindo a atividade da linguagem. Na contemporaneidade, incorporaram-se a esses processos discussões acerca dos modos de produção e consumo da imagem.

Na leitura cognitivista, está prevista a *ação projetiva* do espectador sobre a imagem. Ou seja, já não se trata mais de um processo unilateral, no qual todos os esforços de leitura estavam centrados naquilo que o autor da obra desejava. A ação projetiva consiste em pensar também na maneira como o espectador recebe a obra e em como ela é impregnada por suas projeções. Na leitura cognitivista, o foco está em quem lê a imagem, nas suas sensações e percepções. Ela está voltada, acima de tudo, à capacidade de conhecimento que uma imagem produz. Entre o processo de reconhecimento e de rememoração, o espectador tenderá a identificar algo, associará a aparência de uma forma com as que já tem registradas na memória e acrescentará informações que não estão explicitadas na obra.

Convém ressaltar que a ação projetiva torna-se também um processo de criação a ser explorado pelo artista. Alguns deles, propositalmente, usam dessa capacidade projetiva para inventar imagens, tomando por base formas aleatórias, como manchas de tinta feitas ao acaso. Criam obras que estimulam a imaginação tanto de quem as produz como de quem as consome. Os cognitivistas acreditam que a imagem está atrelada aos fenômenos da imaginação e isso afeta não só o autor como o espectador. No caso da imagem alegórica, a projeção do espectador deve estar afinada com a projeção do artista, com o risco de perder o seu sentido didático. O processo de reconhecimento e de rememoração precisa ser explicitado em seu grau máximo na alegoria. Isso é necessário para distanciar as percepções do espectador de incongruências, de leituras extremamente exageradas, capazes de induzir a uma interpretação não pretendida da obra.

Para Umberto Eco, uma obra de arte é uma experiência aberta e tudo que existe nela pode ser complementado pelo espectador. Ele afirmará que a recepção de uma obra nada mais é do que um ponto de partida para um processo de experienciação estética. "Toda imagem é superada pelas imagens possíveis que ela própria suscita, que ela abre."[6] Suas afirmações apontam para dois aspectos da leitura da obra de arte: o primeiro trata do autor e o segundo refere-se ao espectador e ao processo de fruição. Com relação ao autor, ele afirma que este "realiza um objeto acabado e definido, segundo uma intenção [...], aspirando a uma fruição que reinterprete"[7].

O estudioso afirma que a abertura presente numa obra não deixa de levar em consideração a *definitude* da obra de arte determinada pelo seu autor. Um autor não ignora as condições situacionais que a fruição da sua obra enfrentará e, propositalmente, produz aberturas para a efetivação dessas possibilidades. A abertura surge como recurso para provocar respostas variadas no fruidor, mas conforme estímulos definidos na própria obra. Assim sendo, Umberto Eco defende a dialética entre definitude e abertura, revelando ser essencial o diálogo interpessoal e comunicacional entre a obra de arte e o seu espectador.

Se nas concepções clássicas da recepção da obra de arte, precisamente as alegorias, o foco estava na definitude, buscando no espectador uma resposta unívoca, na modernidade apelou-se para a sensibilidade do fruidor e exagerou-se nas múltiplas possibilidades de interpretação.

Cientes das diversas possibilidades de leitura que as obras modernas ofereciam, os artistas, os estetas e os estudiosos da recepção da obra de arte passaram a explorar a livre interpretação do espectador. Na segunda metade do século XIX, as poéticas do simbolismo já procuravam produzir o máximo de aberturas possíveis, que provocavam a liberdade de fruição da obra.

Isso nos conduz à afirmação de que as aberturas criadas propositalmente pelos artistas simbolistas deslocaram o processo de esquemas utilizados na configuração dos objetos para a elaboração de esquemas de fruição. Esses esquemas consistiam em efeitos intencionais para que o espectador realizasse o maior número de leituras intertextuais possíveis.

Na contemporaneidade, com os avanços das pesquisas em teoria da percepção, desenvolvidas por diversas áreas da ciência, que vão desde estudos estéticos até neurolinguísticos, perceberemos que procedimentos cognitivistas, não distanciados do

6   U. Eco, *A Definição da Arte*, p. 6.
7   Ibidem, p. 153.

objeto imagético, partem da ideia de que a obra de arte é o ponto de partida e de chegada para o desenvolvimento da sua leitura. Destaca-se, assim, a necessidade da presença de uma pedagogia específica, a pedagogia da imagem, com objetivos e métodos próprios, sem perder de vista os elementos constitutivos da linguagem artística, dos processos cognitivos envolvidos na fruição estética da obra e os desdobramentos que podem surgir do trabalho de leitura da imagem, seja ela bidimensional ou tridimensional, fixa ou em movimento.

Educadores, artistas, filósofos e muitos outros estudiosos do assunto defendem a ideia dessa pedagogia por acreditarem que ela será capaz de criar uma consciência crítica diante de uma sociedade de massa em que, cada vez mais, o mundo deixou de ser o mundo das narrativas das palavras para ser o mundo das imagens.

No mundo imagético, subjaz a ideia de que a sociedade de massa não precisa de cultura, mas de diversão. Muitas dessas diversões estão atreladas à propagação da imagem e a um sistema de volatilização da fruição. Dentre elas, por exemplo, podemos destacar a televisão, os *video games*, as ilustrações das revistas, os *outdoors* e os filmes de qualidade artística duvidosa. Nessa perspectiva, a produção de imagem ultrapassou os limites da arte, da produção artesanal e tornou-se um produto da indústria do entretenimento, como qualquer outro bem de consumo. A imagem, como parte da produção artística e um bem cultural, é expropriada pela indústria e vendida também como algo a ser consumido e digerido rapidamente. A imagem entendida como processo de fruição, de experiência estética e diálogo com o pensamento simbólico passa a ser entendida como passatempo, ação de lazer.

Walter Benjamin ressalta que, quando os recursos de reprodução da arte ultrapassaram os limites das mãos dos artistas e passaram a ser intermediados pela tecnologia, a produção de imagens deixou de estar a serviço da magia, do ritual, para atender às necessidades de propagação, exposição e consumo[8].

Para o filósofo, na era de reprodutibilidade técnica, a arte submete-se aos mesmos efeitos experimentados por um operário

---

8   Cf. A Obra de Arte na Era de Sua Reprodutibilidade Técnica, *Obras Escolhidas I*, p. 165.

nas linhas de produção: mecanização e alienação. O espectador, ao deixar de construir suas experiências a partir do prazer de ver e sentir, distancia-se de uma atitude crítica, ou seja, quanto mais se reduz a significação social da arte, maior fica a distância, para ele, entre a fruição e a capacidade crítica.

Encontraremos, nas propostas de Edmund Burke Feldman[9], princípios correlatos à ideia de se pensar uma proposta que revigore os processos de fruição e de capacidade crítica do espectador diante da obra de arte. Nessas propostas, são delineadas trajetórias procedimentais para a leitura da obra de arte que ampliarão a capacidade de ver, e, consequentemente, para a leitura crítica do espectador. O autor propõe quatro estágios para essa leitura: a descrição, que envolve o ato de prestar atenção na materialidade, na "pele" da obra, e nas suas formas, e de descrever o que o olho vê; a análise, que consiste em relacionar entre si as partes formais do objeto observado, e que busca compreender o sentido delas dentro da própria produção artística; a interpretação, que segue a trajetória do sentido da obra para quem vê, e relaciona-se com o espaço circundante do espectador; o julgamento, pautado na valoração, no processo de discorrer sobre as qualidades expressivas, formais ou instrumentais da obra. Essas propostas trazem consigo o esforço para construir a concepção de que a leitura dos significados de uma obra deve ser acompanhada da leitura formal dos elementos que compõem a produção artística. Leitura de significados e leitura formal são procedimentos distintos, complementares e inseparáveis para a construção de habilidades e competências, como saber descrever, comparar, relacionar, codificar, decodificar, julgar, decidir e escolher. Nesse sentido, Feldman busca demonstrar que é possível entender o mundo ao entender uma obra de arte.

9   Autor norte-americano que, na década de 1970, publica *Becoming Human Through Art: Aesthetic Experience in the School*, em que apresenta, pela primeira vez, a ideia de arte como conhecimento e arte como performance. Para Feldman, aprender a linguagem da arte significa desenvolvimento técnico, crítico e criativo, em que estão em jogo dimensões sociais, culturais, psicológicas, antropológicas e históricas dos indivíduos. O desenrolar crítico sobre a arte é o núcleo central de suas teorias. Segundo o autor, a capacidade crítica se desenvolve por intermédio do ato de ver. Cf. A.M. Barbosa, *A Imagem no Ensino da Arte*, p. 45-46.

A proposta de Feldman abrange tanto ideias oriundas da estética, da pedagogia e da ciência cognitivista como da filosofia, e não se trata de algo novo. A história da arte é marcada por inúmeros procedimentos que buscavam estreitar a relação entre a imagem e o espectador. Ora esses procedimentos estavam fundados no valor ritualístico da obra, ora na capacidade de transformação social e política da arte, ora nas capacidades expressivas e performáticas do artista, ora no valor histórico documental de uma produção.

Por esse viés, observamos que muitos desses procedimentos foram amplamente utilizados pela Igreja. Ao impregnar as paredes de capelas e catedrais com cenas bíblicas, os teólogos, por exemplo, alcançavam seu intento doutrinário cristão. Teremos também o próprio Pieter Brueghel, o Velho, cuja produção, valendo-se da didática alegórica, busca incitar as capacidades perceptivas do espectador, colocando-o em estado de criticidade diante da desordem representada em suas obras. Não teríamos, em ambos os exemplos, esboçadas a intencionalidade de uma pedagogia da imagem?

A *pedagogia da imagem* consiste em um conjunto de doutrinas, princípios e métodos que possibilitem pensar a imagem com base nas experiências artísticas que ela oferece ao espectador e, ao mesmo tempo, na sua capacidade de ler as propostas do artista, de decodificá-las e formular juízos próprios acerca do que vê[10]. Deve ser intrínseca a ela a articulação de didáticas que permitam ao espectador um diálogo crítico com a obra, perpassados pela análise dos elementos estéticos que a constituem, pela interpretação dos seus sentidos e pelo julgamento da sua função na sociedade.

Assim sendo, o objetivo primeiro da pedagogia da imagem é a relação do espectador com a imagem, que abarca a preocupação com a resposta do público diante de uma obra. Isso significa que a apreciação da imagem está atrelada à sua materialidade, à natureza da sua superfície, bem como ao contexto em que se encontra ou representa. Em outras palavras, os elementos representados na imagem e o confronto do espectador estão ligados à sua capacidade perceptiva e configura as possibilidades cognitivas de um *espectador-leitor*.

---

10   Cf. J. Aumont, op. cit.

O termo "espectador-leitor" pressupõe uma redundância, se supusermos que toda relação de "espectação" inclui a leitura. Entendendo leitura, aqui, como capacidade de descrever, de analisar, de codificar e decodificar, de interpretar e julgar textos imagéticos de todas as ordens: pinturas, cenas de filme e teatro, esculturas e outros objetos ligados à visualidade. Compreende-se assim que um espectador, diante de uma imagem, aciona uma complexidade de fenômenos fisiológicos e psíquicos, envolvendo ações como seleção, combinação, comparação, relação, exclusão e imaginação. Nesse sentido, a redundância distingue-se da ideia tradicional de que o espectador é um sujeito passivo no processo de comunicação artística. O espectador deixa de ser o espelho que devolve estímulos a ele dirigidos. Está contida no termo "espectador-leitor" a concepção de sujeito participativo no processo de produção de sentido, envolvendo a organização fisiológica e o ordenamento de dados sensoriais constituintes da percepção dos objetos e, consequentemente, do mundo.

O trabalho do espectador-leitor é o mesmo do receptor da imagem. Ambos atuam na perspectiva do pensamento visual, mediado pelo que podemos chamar de linguagem. Ambos estão em constante processo de produção de sentido e utilizam para isso a linguagem. O trabalho da imagem consiste em representar um pensamento, ou vários, em um determinado espaço, utilizando-se de elementos materiais próprios. O mesmo trabalho é empreendido pelo espectador-leitor. Em determinadas circunstâncias históricas, espaciais, perceptivas e cognitivas, ele compreende certos presentes na configuração da imagem.

A produção e a leitura de imagens só são possíveis devido ao pensamento visual, parte constituinte da intelecção perceptiva, envolvendo processos mentais que combinam atenção, imaginação, memória e reconhecimento. Destarte, a linguagem assume um papel importante para a comunicação e a relação entre o produtor e o leitor da imagem.

Tanto o trabalho do espectador-leitor como o do receptor da imagem estão condicionados aos enfoques utilizados na leitura e na produção da obra. O trabalho intelectual do espectador-leitor e os princípios heurísticos envolvidos na produção da imagem são, na verdade, empreendimentos que se relacionam diretamente com as diversas representações e concepções de mundo. Isso nos permite afirmar também que todo trabalho envolvido em sistemas visuais está em permanente processo de construção.

Ressalte-se que a busca pela construção de um espectador-leitor não está circunscrita apenas às artes plásticas; ao contrário, é uma preocupação presente em outras linguagens artísticas que lidam com a visualidade.

A visualidade é algo tão importante para as artes plásticas como para o teatro, por exemplo. No caso do teatro, a visualidade é parte significativa não só dos processos de criação como das propostas cênicas ou dos objetivos didático-pedagógicos do artista. Bertolt Brecht é exemplar nesse sentido, uma vez que sua obra tem uma intenção pedagógica. As fábulas e os quadros de cena que ele criou – por meio de diversos recursos visuais, como cartazes, projeções e cenas congeladas – provocam no público uma resposta.

No teatro moderno, devido a rupturas estéticas e à ressignificação de elementos da linguagem teatral, os holofotes foram sendo cada vez mais direcionados à plateia. Buscou-se tirá-la de uma suposta passividade de recepção artística e convidá-la a participar, instaurando o desejo, no espectador, de se modificar, de modificar as suas relações com o mundo e com os contextos históricos, políticos e sociais em que estava envolvido.

Esse olhar mais atento à plateia como parte integrante do processo de construção e interpretação da obra teatral vem sendo pesquisado por teóricos e artistas, e indicam caminhos que contribuem para a compreensão da arte, para os processos envolvidos em sua produção e para a construção de um espectador-leitor. Dentre essas metodologias, encontramos processos destinados especialmente à leitura da obra teatral, isto é, à leitura do que Patrice Pavis denominou *texto espetacular* (*ou cênico*)[11]. Constitui parte integrante do texto espetacular o cenário, os figurinos, os adereços, a maquiagem, o som (voz, música e sonoplastia), o material gestual, a luz e todos os outros elementos que venham a compor a cena. Assim, ler a cena significa

---

11 *Dicionário de Teatro*, p. 408-409.

descrever, analisar, codificar e decodificar, interpretar e julgar o texto cênico. Está em jogo, na leitura desse texto, a relação do espectador com todos os sistemas significantes usados na representação, cujo arranjo e interação formam a encenação.

Portanto, ler significa centrar o olhar na materialidade do espaço cênico, desenvolver métodos que possibilitem desconstruir a rede de significantes que estruturam a encenação e reconstruí-la, valendo-se de múltiplas possibilidades de interpretações, de sentidos para quem vê. Ler é, antes de tudo, a construção de uma atitude dialógica e reflexiva com a realidade da obra teatral e, consequentemente, com as percepções e concepções que o espectador-leitor tem sobre o mundo. Assim sendo, busca-se ler o que há de mais provisório e fugaz no teatro: o momento da apresentação.

Como se ensina a olhar dialeticamente uma obra? Como se constrói uma relação dialógica com o objeto artístico? O que eu preciso aprender para ler uma obra de arte? São questões que vão configurar uma pedagogia específica para a leitura da encenação, conhecida no Brasil como *pedagogia do espectador*[12].

Saber ler teatro e entender o que se lê pressupõe um diálogo com o mundo das sensações, das ideias e da materialidade da cena. Esta é constituída por textos sonoros e gestuais que vão colaborar na forma e na estruturação do texto visual da cena. O que temos no teatro, assim como no cinema, é uma sucessão de quadros em movimento, o que implica relações entre as cenas vivenciadas ou observadas com a vida cotidiana do espectador-leitor.

O MÉTODO HISTÓRICO-ALEGÓRICO

Ao retomarmos a cultura da Antiguidade, encontraremos métodos que também objetivam mediar a relação do espectador-leitor com o autor e sua produção artística. Nesse sentido,

---

12   Difundida por Flávio Desgranges, em seu livro *A Pedagogia do Espectador*, essa pedagogia tornou-se presente diante das configurações do teatro contemporâneo, que, cada vez mais, prossegue com as rupturas estéticas do teatro moderno e com o desejo de tirar a plateia de uma suposta passividade de recepção artística.

o método de leitura histórica da obra se fez presente e contemplou desde o "escandimento" da imagem até as suas relações históricas e sociais com o artista e a época em que foi concebida.

O método de leitura histórica, oriundo do século XVI e presente ainda em nossos dias, é denominado método histórico-alegórico. Ao discorrer sobre a obra de Rabelais, Mikhail Bakhtin enfatiza que a cultura erudita, também chamada de alta cultura, sob domínio dos teólogos cristãos medievais, tratou de rejeitar a herança popular, conhecida como baixa cultura. Todos os exageros grotescos, a bufonaria e os elementos do cômico popular foram substituídos por códigos de boas maneiras, que envolviam um jeito reto de falar, de pensar e de se comportar perante Deus. Obras, pensamentos e manifestações populares que não se alinhavam a essa forma de boa conduta foram desqualificados pela Igreja. Assim, foi preciso pensar num método capaz de recuperar a trajetória e o sentido histórico das obras. Surgiu, então, o método histórico-alegórico. Outra justificativa para o seu surgimento é o excesso de significações que as obras da Antiguidade trazem consigo e a proliferação de alegorias pela Igreja.

Segundo Bakhtin, foi no século XVII que se originou o *método histórico-alegórico* de interpretação, tendo como ponto de partida a obra de Rabelais. Pierre Antoine Le Motteux fez, em 1693, na Inglaterra – para onde imigrou após a revogação do Édito de Nantes –, uma tradução inglesa de Rebelais que contempla a biografia do autor, prefácio e comentários. Essa publicação oferece uma análise das diversas chaves empregadas por Rebelais e expõe também interpretações pessoais de Motteux. Alguns pesquisadores afirmam que essa publicação foi a fonte mais precisa e bem estruturada do método histórico alegórico, passando a servir de referência a seus adeptos. No século XVIII, Marsy publicou, em Amsterdã, uma versão moderna de Rabelais e passou a ser um defensor do método, que considerava fundamental para clarificar as interpretações históricas e suas representações alegóricas.

No prólogo ao Livro Primeiro (*Gargântua*), Rabelais assinala que seu romance tem um sentido oculto que é preciso saber adivinhar, "pois nela [na leitura] encontrareis um novo sabor, uma doutrina mais abscôndita, que vos revelará mui altos sacramentos e mistérios horríficos, tanto no que concerne à nossa religião como ao estado político e à vida econômica"[13].

O método histórico-alegórico buscava, inicialmente, explicações filológicas; mais tarde, migrou para a história e para a compreensão das imagens alegóricas. Ele não deve ser concebido apenas como uma simples fórmula da oratória destinada a estimular a curiosidade dos leitores, muito embora tenha sido utilizado várias vezes dessa forma nos séculos xv e xvi. O que está preconizado nele é a tentativa de decifrar os "mui sacramentos e mistérios horríficos" nas obras medievais e renascentistas.

Esse método predominou nos estudos rabelaisianos durante quase três séculos. Essencialmente, trouxe consigo ações muito simples, como a de descobrir o que há por trás de cada uma das personagens e o que há de alusões históricas nas cenas descritas por Rabelais. O método compreende não só uma ação comparativa entre os escritos de Rebelais e os registros que se têm da época como a descrição dos acontecimentos do autor e as suas relações com as imagens produzidas por artistas do seu tempo. Destarte, é parte integrante do método a comparação, acrescida de suposições fundadas em dados históricos registrados em documentos inscritos ou prefigurados nas produções imagéticas. Isso, evidentemente, traz à tona contradições, tendo em vista que a história nem sempre é fidedigna aos fatos reais, podendo levar a suposições arbitrárias e a uma decifração diferenciada por diversos autores.

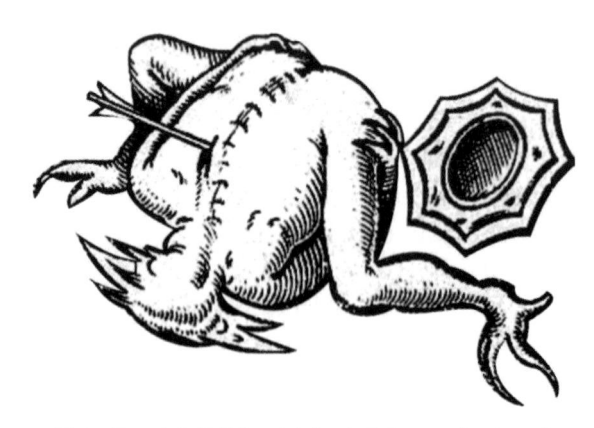

FIGURA 3: *Pieter Brueghel, O Velho, detalhe de* A Avareza *(1556-1557).*

13   Apud M. Bakhtin, *A Cultura Popular na Idade Média e no Renascimento*, p. 95.

Nesse sentido, a validade do método repousa no maior número possível de documentos capazes de dar sustentação à argumentação do pesquisador. O esforço do pesquisador deve se concentrar na exposição minuciosa de cada um dos detalhes da obra e sua alusão a fatos precisos, reais. No capítulo dos "Limpa Cu", de *Gargântua*, por exemplo, a ação da personagem é interpretada com base num conjunto de objetos utilizados por ele para limpar o ânus e no sentido alegórico desses objetos. Rabelais conta que Gargântua um dia limpou o ânus com um gato cujas garras feriram o seu períneo. Os pesquisadores veem nisso uma alusão a um espisódio da vida de Francisco I, que, em 1512, quando tinha dezoito anos, contraiu uma doença venérea de uma jovem, e a cura da enfermidade só foi possível graças às luvas da sua mãe, em clara alusão aos cuidados maternos. Portanto, o romance se transforma num intricado sistema de decifração de alusões.

Segundo Bakhtin, o método histórico-alegórico trata de identificar as pessoas, as coisas e os acontecimentos de modo preciso. Todo processo envolve um sistema completo de nomeações históricas e alegóricas de uma obra, e refere-se ao levantamento das origens da representação alegórica e dos sentidos buscados pelo seu autor.

Como o sistema previa tanto a análise de documentos escritos como a interpretação de imagens, o método passou a ser empregado também às decifrações de obras visuais alegóricas.

A trajetória de uma investigação histórico-alegórica da imagem está pautada no esforço de identificar exatamente como as coisas ocorriam segundo a tradição e como elas foram representadas, transformando-se em imagens-ideias. O objetivo desse empreendimento é compreender artística e ideologicamente a origem da imagem, sua lógica estética e como passaram a ser interpretadas ao longo da história da humanidade. Trata-se de ler a obra dentro do seu universo particular, evitando-se generalidades interpretativas. Essa ação tem correlação com a ação do arqueólogo, que, a partir de fragmentos e do emaranhado de informações que recobrem o objeto encontrado, busca reconduzi-lo no curso da história e no seu sentido primeiro de significação e de conhecimento.

Um pesquisador histórico-alegórico é, na verdade, um arqueólogo do saber. A partir de um levantamento preciso, ele procura revelar as camadas sedimentadas na imagem, que, ao longo do tempo, muitas vezes imobilizaram-na, retirando seu sentido comunicativo e ocultando sabedorias que desencadearam sua elaboração. Colocar em movimento novamente a imagem, consiste em apresentar a bipolaridade existente entre seu passado e sua significação no presente. Assim, a imagem deixa de ser vista como parte de um tempo que foi fixado pela história e opera pela sua capacidade de sempre vir a ser, de devir. Voltamos aqui à ideia inicial de que, ao "escandir" uma imagem, não só compreendemos o seu tempo, como também o tempo em que se realiza o seu desvelamento.

Bakhtin reforça que o método histórico-alegórico permite um mergulho no particular, possibilitando compreender a história com base nos seus paradoxos, em oposição à ideia de conjunto que prevê o encadeamento causal dos fatos.

Permite, ainda, ao leitor focalizar seu olhar no período histórico da obra e nas significações pretendidas pelo autor. Nesse método, está previsto um olhar para a história da origem da obra e para seu sentido no contexto contemporâneo. De acordo com Bakhtin, é o sentido histórico da obra que nos permite compreendê-la na contemporaneidade.

O método histórico-alegórico propõe, então, um processo de leitura da imagem que visa destrinchar e levantar todas as partes que estruturam a obra, uma vez que tem como campo de investigação a história. Ele se configura como um sistema de aprendizagem e apreensão do objeto artístico, por intermédio do levantamento histórico de acontecimentos que sedimentaram o universo alegórico da imagem. Isso coloca também em pauta a possibilidade de buscar, com base nesse método, elementos visuais que contribuíram para a configuração das cenas teatrais ao longo da história. Deve-se considerar também o diálogo existente entre o teatro e as imagens produzidas pelas artes plásticas.

O TEATRO E A IMAGEM

> *Aplicai à pantomima as leis da composição*
> *pictórica, e vereis que são as mesmas. [...] Eu vejo a*
> *personagem; quer fale, quer cale, vejo-a, e sua ação*
> *me afeta mais do que suas palavras.*
>
> DENIS DIDEROT, *Discurso Sobre*
> *Poesia Dramática*

Historicamente, as relações entre a imagem e o teatro não são nenhuma novidade. Ambas constituem um fenômeno inseparável e com trocas entre si. Podemos citar, como exemplo, as festas medievais populares que contavam com apresentações teatrais (mistérios, moralidades, farsas e *soties*), estruturadas em quadros de cena. Os quadros de cena ou estações eram montados em cima de mansões (estruturas simples, quadriculares, revestidas de panos), representando cenas bíblicas, e pensados como modelos figurativos da pintura. Elementos presentes na vida das cidades medievais e pintados nos retábulos das igrejas, tais como o castelo, com suas torres e tronos, o templo, o pavilhão, o arco e a porta, a coluna, a montanha, a gruta, o navio, a árvore, a fonte, o carro e o monstro são tomados de empréstimos pelo teatro e constituem a cenografia das mansões.

Entretanto, não é apenas o teatro que se apropria da pintura. Assim como ele se utiliza da figuração plástica para a elaboração dos quadros de cena, a pintura também irá se apropriar das apresentações teatrais como forma de inspiração.

Como demonstração dos intercâmbios entre o teatro e a pintura, indicamos a *nuvola*, um quadro de madeira que podia ser carregado ou erguido do chão, por intermédio de suportes de ferro. Nessa espécie de árvore pintava-se, no centro, uma auréola e era colocada uma personagem (Cristo, Virgem ou um santo). Nas bordas da *nuvola* eram dispostos anjos ou querubins (pintados ou representados por crianças de verdade). Esse quadro de cena desfilava pelas ruas e, em cada esquina, era lido um texto litúrgico, em homenagem à personagem erguida sobre a *nuvola*.

Perceberemos que as trocas entre o teatro e a pintura não param por aí. As formas cúbicas, presentes nas pinturas renascentistas, são fundamentais para conduzir o teatro à cena, em espaços fechados, no interior de edifícios.

Os telões figurativos, colocados no fundo das cenas, acionados pelas máquinas, são introduzidos à cena clássica renascentista, permitindo o desenrolar da história em episódios.

Não se pode deixar de mencionar que as representações teatrais sempre estiveram atreladas a um texto. Todavia, no período medieval, mesmo tendo como pano de fundo os textos litúrgicos, o teatro e a pintura tinham como tarefa não só a criação de imagens alegóricas, que permitiam ao público a imediata compreensão do que contemplavam, como a assimilação dos conteúdos dos textos bíblicos.

Com o desenrolar da história do teatro, o texto ganhou mais destaque e as trocas com a pintura se mantiveram no plano da cenografia, dos figurinos, da ambientação da cena. Já no século XVIII, Diderot afirmava que o dramaturgo precisa se convencer de que seu principal objetivo é se dirigir à sensibilidade da plateia, que não deseja ser sobrecarregada com palavras, mas com impressões. Nesse aspecto, o espetáculo teatral precisa ser percebido como aparência, e essa particularidade o aproxima da pintura.

Diderot foi um crítico ferrenho do teatro de grandes poetas, do declamatório e da redução do teatro à poesia. O autor insistia na ideia de que o texto dramático deveria se multiplicar em cenas pantomímicas, na representação de cada atitude, de cada expressão, na inclusão de *quadros*, por meio dos quais os gestos tornar-se-iam mais significativos que a palavra.

Os quadros propostos por Diderot estão associados à técnica do *tableau vivant*, que, na sua origem (Idade Média e Renascimento), consistia em colocar os atores imóveis e congelados numa pose expressiva, dando a impressão de uma pintura. A utilização dessa prática no teatro deve-se a Bertinazzi, que, no século XVIII, reconstituiu uma pintura de Greuze com atores.

Com fortes influências nas representações plásticas, o *tableau vivant* retoma a relação com a pintura e "inaugura uma dramaturgia que descreve ambientes, apreendendo a vida em sua realidade cotidiana e dando um conjunto de imagens patéticas do homem"[14]. Essa técnica foi reutilizada pelo teatro moderno como uma forma de apreender o instantâneo.

---

14 P. Pavis, op. cit., p. 315.

No século xx, o teatro, com a intenção de representar as múltiplas dimensões do mundo moderno, trouxe à cena vários elementos das artes visuais: a tela, os inúmeros efeitos visuais, combinando imagens projetadas com cenas e esculturas com atores. Cabe destacar que movimentos artísticos como o dadaísmo, o surrealismo e o futurismo tiveram fortes influências na configuração desse teatro, que buscava ser mais imaginativo e sensorial. Encenadores como Gordon Craig, com o teatro total, Vsévolod Meierhold, com o construtivismo, Vladimir Maiakóvski, com o futurismo e Bertolt Brecht, com o teatro épico, fazem parte de um grupo de artistas que apregoam a ideia de que a decrepitude do teatro está na cena única.

Deve-se ressaltar que o pensamento vigente era que o mundo é cacofônico e, para levá-lo ao público, um só sentido é insuficiente. Torna-se necessário bombardear o espectador com múltiplas imagens, para tirá-lo da imobilidade contemplativa. A pintura vira cena; o ator vira escultura e a escultura se movimenta, emite sons e se torna personagem; os deslocamentos dos atores em cena viram dança; os textos transformam-se em ritmos melódicos.

Na relação do teatro com as artes visuais, não podemos esquecer as contribuições do teatro de animação, que vão desde a animação de objetos em cena até a ideia de atores marionetes como bonecos animados.

Para a vanguarda do século xx, a literatura significava a imobilidade pensativa em relação a outras artes. Assim, a imagem se constituiria no elemento desafiador, para colocar o pensamento em movimento contra o *logos* instituído pela literatura. No século xxi, essa ideia é substituída pela de entorpecimento imagético.

Cabe sublinhar que estudiosos contemporâneos afirmam que o ataque diário de imagens espalhadas pelas ruas, difundidas pela televisão e pelos computadores coloca-nos em estado de exaustão imagética.

O caminho contrário à exaustão está no próprio modo de produção e difusão da imagem na contemporaneidade. É preciso se apropriar dos meios envolvidos na elaboração da imagem e, consequentemente, dos discursos propagados por elas. Ao desvelar os mecanismos que são utilizados pela indústria cultural na produção de imagens, sejam elas pertencentes ao universo das propagandas, da televisão, do cinema ou até mesmo do teatro, oferecemos ao espectador a possibilidade de ter uma visão crítica sobre esses mecanismos. Não podemos, sempre, evocar a multimídia como algo terrificante. Como vimos, desde a Antiguidade, sabe-se da poderosa capacidade de uma imagem. Ela é mais rápida que a escrita e pode ser mais comunicativa que um discurso. Pode, ainda, ser reconduzida para outros parâmetros que não aqueles da mídia e exercer um forte papel pedagógico, se não perdermos de vista a sua possibilidade educativa e transformadora. Por intermédio de princípios dialógicos que envolvem a enunciação da obra, a educação e o receptor, será possível pensarmos em mecanismos de aprendizagem que abrangem a recepção/compreensão ativa da imagem. Nesse contexto, podemos pensar na imagem como modelo de ação, levando o espectador de um estado de dormência para um estado de alerta.

O CONCEITO DE MODELO DE AÇÃO E A IMAGEM COMO MODELO DE AÇÃO

A origem da expressão "modelo de ação" está vinculada à anunciação de um teatro do futuro por Bertolt Brecht, no qual cada espectador é, ao mesmo tempo, produtor e receptor da obra teatral. Essa proposição ganhou força entre 1926 e 1932, quando Brecht se deparou com os aparatos da mídia e pensou em experimentos sociológicos contra a tendência de transformar o teatro em mercadoria, que, na época, passava a ser valorado pela sua utilidade e adequação aos preceitos da cultura de massa. O dramaturgo difere a ação estética do teatro da ideia de produto acabado, que existe para ser consumido.

Interessado num público produtivo e na sua função como meros consumidores, Brecht modifica a divisão entre palco e plateia a partir do conceito de modelo de ação, que não só radicaliza o papel da plateia no teatro como a envolve num processo teatral estético-político. O projeto pedagógico de Brecht é modificar a recepção do público, introduzindo-o no processo e na prática teatral. Valendo-se do modelo de ação, o encenador rompe com a organização habitual do teatro, confiando a execução de suas peças àqueles que não são nem compradores nem negociantes de arte. O *modelo de ação* destina-se aos que simplesmente querem praticá-lo. Para o dramaturgo, a recepção artística não deve se distanciar do processo produtivo da obra. Segundo ele, o receptor é uma instância da produção. Nesse sentido, o que está em jogo no modelo de ação, além do rompimento entre a produção e a recepção, é também o movimento que vai da sociedade à constituição da obra de arte.

O contexto do modelo brechtiano está na recriação de textos tradicionais, oriundos do folclore finlandês, de antigas crônicas, fábulas ocidentais e orientais e de uma série de textos clássicos. A retomada desses textos possibilita a realização de experimentos cênicos e pedagógicos, objetivando a participação do leitor como ator e cofabulador. Assim sendo, Brecht concebe o modelo de ação como exercícios de dialética, nos quais os atuantes encontram espaço à reflexão de processos históricos e sociais, e são convidados a operar sobre eles por meio da análise crítica e da construção gestual. Em razão disso, o modelo é um instrumento didático pertencente a uma tipologia dramatúrgica denominada peça didática (*Lehrstück*).

Na visão de Walter Benjamin, a peça didática se diferencia de outras obras de Brecht, porque lhe é peculiar a simplicidade dos aparatos teatrais, permitindo focalizar a experiência cênica nas trocas entre o público e os atores, ou entre os atores e o público. Ela está ligada a uma dialética superior, cuja relação primordial se configura entre o conhecimento e a educação.

Nesse sentido, o modelo de ação como instrumento didático da peça didática tem como premissa a imitação crítica do próprio modelo. O princípio de imitação buscado por Brecht não reside na concepção de que quando alguém imita algo faz apenas uma cópia. A imitação, para ele, é o resultado da maneira como se vê e se representa o imitado. Portanto, a imitação pressupõe olhar crítico, seleção e representação daquilo que o imitador julgou significativo, isto é, toda imitação vem acompanhada do julgamento crítico do imitador sobre o imitado. Assim sendo, a imitação de um modelo vem sempre acompanhada de uma crítica.

Para o dramaturgo, a imitação é um resumo ou um excerto. A imitação soberana que Brecht almejava alcançar com a peça didática está pautada na ideia de que copiar e reproduzir significa também modificar.

Para a pesquisadora Ingrid Koudela, se compreendermos o texto da peça didática como dispositivo para *experimentos sociais*, passaremos a perceber que esse modelo de ação é passível de modificações diante das questões e dos pontos de vista que surgem do contato dos atuantes com o texto. Essas modificações podem ser de diversas naturezas, concentradas em pontos específicos do texto ou na introdução de outros elementos que permitam criar novas peças didáticas. Tais propostas se inserem no que Brecht qualificou de Grande Pedagogia. A Grande Pedagogia tornaria, então, possível a perspectiva do teatro do futuro e permitiria consolidar a visão de um Brecht educador, cuja proposta reunia o teatro, a política e a aprendizagem.

Os experimentos sociais, com base na peça didática e na Grande Pedagogia, configuram-se como experimentos práticos. A peça didática contempla a concepção de que quando o atuante realiza determinadas ações, ou assume determinadas atitudes, ou repete determinados gestos oriundos do seu contato com o modelo de ação, ele é influenciado por essa imitação. Portanto, o aprendizado deve ser alcançado quando a *peça didática* é vivenciada e não quando é assistida.

"O propósito do modelo não é propriamente fixar uma forma rígida de representação – muito pelo contrário! É no modo de desenvolver o modelo que reside a máxima importância."[15] Em vista disso, o modelo de ação busca modificar a forma de ver e pensar a realidade dos atuantes; o que está em destaque é o seu efeito educacional com base na imitação, que não está restrita ao texto da peça didática. O modelo de ação é aberto às imitações de situações vivenciadas pelos atuantes. Nesse sentido, ele é frequentemente atualizado. Isso é possível graças à associação de eventos, gestos, comportamentos e diferentes tons de voz vivenciados pelos participantes do experimento com o texto. Os vínculos entre as experiências sociais do atuante e o modelo de ação permitem alcançar o

---

15   B. Brecht, *Estudos Sobre Teatro*, p. 171.

efeito pretendido com a peça didática: o atuante passa de aprendiz a participante do processo histórico, por intermédio da reflexão e do exame das condições sociais e políticas existentes.

Esse modelo permite o exercício da dialética entre o método de imitação do comportamento e o pensamento. Isso significa que a peça didática foi concebida também como um modelo de ação que visa romper com a distância existente entre a teoria e a prática, e no qual as contradições das personagens e suas relações sociais são problematizadas e se constituem em material de aprendizagem. Esta é alcançada por meio da relação do jogo com o modelo de ação e possibilita ao atuante aprender a pensar dialeticamente. Quando o atuante imita, ele tem também a possibilidade de se confrontar com esses modelos. Ao imitar, ele não só compreende o gesto do outro como também aprende a se posicionar diante dele.

Outro elemento da peça didática ou modelo de ação é o da lógica da fábula interligada a uma exacerbação dramática, que traz à tona atitudes associais. Trata-se de modelos de comportamentos exacerbados que se revelam como associais. Para Brecht, o modelo de comportamento propício para mostrar as contradições e apontar uma mudança de atitude é seu caráter associal. As atitudes associais constituem a matéria-prima da aprendizagem. Elas são peças-chave do jogo dialético pretendido com a peça didática, na qual o comportamento e o pensamento estão em constante exame. Nessa perspectiva, os papéis, no modelo de ação, fogem à regra tradicional da construção psicológica de personagens que expressam sentimentos miméticos, verossímeis. Os papéis brechtianos estão relacionados à construção das figuras alegóricas, e é aí que reside toda teleologia do seu trabalho e seu papel didático.

Na peça didática, as personagens ganham dimensões maiores do que na vida cotidiana. Elas são apresentadas com lentes de um microscópio que, propositalmente, aumentam suas figurações para que possam ser percebidas melhor e, durante o seu exame, seja evidenciado seu processo social. Nesse sentido, destaca-se outro instrumento didático da peça didática: o estranhamento.

O estranhamento para Brecht significa retirar de um processo aquilo que ele tem de evidente, de conhecido, e provocar o espanto e a curiosidade no espectador. Ao discorrer sobre o efeito do estranhamento na arte dramática chinesa, o autor evidencia a origem das suas propostas e explica no que consiste esse efeito:

O que o artista pretende é parecer alheio ao espectador ou, antes, causar-lhe estranheza. Para consegui-lo, observa-se a si próprio e a tudo o que está representando, com alheamento. Assim, o que quer que represente adquire o aspecto de algo efetivamente espantoso. Numa arte com essas características, o quotidiano passa para além do âmbito da evidência. Vejamos mais um exemplo: é apresentada ao público uma mulher jovem, filha dum pescador, remando num bote. Conduz de pé a embarcação inexistente, com um pequeno remo que mal lhe chega aos joelhos. Ora a corrente se torna mais rápida, ora lhe é mais difícil manter o equilíbrio, ora encontra uma enseada e rema descuidadamente. Eis como se conduz um barco! Mas essa viagem de bote dá a impressão de ser uma viagem histórica, cantada em muitas canções, invulgar, bem conhecida de todos. Os movimentos dessa mulher jovem e famosa foram fixados em imagens, cada curva do rio era uma aventura, aventura conhecida; e a curva a que aludimos agora também é conhecida. É a atitude do artista que provoca no espectador essa sensação e que torna a viagem célebre.[16]

No contexto do trabalho com a peça didática, o estranhamento é alternado com a identificação. Não se trata de uma identificação compreendida em termos stanislavskianos com motivações interiores. No jogo com a peça didática, o que prevalece é a identificação intelectual, acompanhada da identificação física. Segundo Ingrid Koudela, a diferença entre a identificação tradicional e a alcançada na peça didática reside na relação dos atuantes com o texto. Nesse âmbito, a autora reforça que a consciência surge no processo de interação entre os sujeitos da ação dramática e os atores/atuantes[17].

Assim sendo, o atuante deve se apropriar do modelo de ação com base numa atitude crítica, buscando descobrir as múltiplas exteriorizações possíveis para representar o seu ponto de vista. E é essa atitude crítica que determinará qual é o material gestual e as atitudes a serem exteriorizadas, levando em conta as contradições sociais da sua personagem e das personagens que com ele contracenam.

É importante não confundir material gestual com gesticulações. Gesticulações, em geral, são movimentações realizadas com as mãos e que as pessoas utilizam para ilustrar o que estão

16 Ibidem, p. 57.
17 Cf. *Texto e Jogo*, p. 58-59.

dizendo. Material gestual, conforme reforça Koudela, segundo Brecht, "são a expressão do comportamento real, de atitudes reais"[18], que poderíamos ler de acordo com a tradição social. As atitudes determinam os gestos e os gestos determinam uma atitude. Os gestos precisam ser percebidos como a expressão de ações sociais que surgem da forma como alguém se relaciona com outra pessoa, ou com um grupo, ou com o espaço social. O gesto é um conceito central na estética brechtiana e deve indicar as relações dos indivíduos com outros indivíduos.

Portanto, o material gestual que emerge do jogo com a peça didática, com base nas relações dos atuantes com o modelo de ação, passa a ser o foco do exame e do processo de aprendizagem dos jogadores. Tomando-se por base a construção gestual, torna-se possível a atualização do texto e a sua relação com a própria experiência dos atuantes.

Ingrid Koudela destaca que a função primordial dos gestos está no resgate da relação entre a singularidade e a contextualidade histórica. Para ela, o desenvolvimento do conceito de gesto, preconizado por Brecht, permite apreender contextos sociais e históricos, abrangendo, simultaneamente, a singularidade das experiências dos atuantes. Nessa perspectiva, ao mesmo tempo que o conhecimento é conquistado na sua dimensão sensório-corporal pelos jogadores da peça didática, ocorre a investigação do contexto histórico.

Hans-Thies Lehmann reforça que o gesto não é a mera tradução do significado do texto. Ao contrário, ele deve ser percebido como uma construção contraditória, na qual o corporal e o mental estão em assimetria. Enquanto o gesto se refere aos fragmentos, à síntese, ao figurado, o texto se relaciona ao formulado, à defesa de uma tese.

As relações entre o caráter fragmentário dos gestos e o processo de montagem da fábula são acentuadas no teatro brechtiano. Nessa perspectiva, Brecht se relaciona com a fábula no sentido de uma história de significado alegórico que, no palco, oferece a possibilidade do exame de um conceito, de um conhecimento. Ao mesmo tempo que o autor destrói a tradição

18 *Brecht: Um Jogo de Aprendizagem*, p. 102.

clássica da fábula no drama, ele a preserva e busca remontá-la com base no seu caráter argumentativo.

Segundo Lehmann, o teatro brechtiano reforça o caráter argumentativo e didático da fábula. Ressalte-se que, na Antiguidade, a fábula fazia parte das técnicas da retórica da argumentação. Nesse sentido, Brecht transforma as teses relacionadas à unidade da racionalidade do drama em dramaturgia gestual, que busca distinguir os elementos mentais, emocionais e físicos do gesto na identificação da fábula. Destarte, ele coloca o gesto no centro da sua dramaturgia como magnitude corporal e mímica com o objetivo de separar o exterior da interiorização.

Lehmann ressalta que as pesquisas em torno da obra de Brecht sempre buscaram entender os conceitos básicos de gesto e fábula como determinações complementares, lógicas e harmônicas. Para o autor, os estudos realizados até hoje não consideram a possibilidade de antagonismo entre aquilo que o dramaturgo compreende como material gestual e o conceito de fábula.

Brecht opta por aprisionar o material gestual numa fábula, buscando enfatizar o caráter sintético e fragmentário do gesto e as possibilidades argumentativas presentes na fabulação. Isso não só nos apresenta a relação dos gestos com a ideia de síntese e fragmento presente também nas alegorias como também o interesse de Brecht por um teatro didático, tendo em vista que a fábula se caracteriza pelo seu valor retórico de ensinamento.

Em geral, as fábulas apresentam a relação do mais forte sobre o mais fraco, e para dar maior credibilidade e compreensão a elas, busca-se transferir seus contextos ao mundo concreto dos animais. Assim sendo, o que mais conta na fábula do teatro brechtiano é justamente o que se destaca na fábula de animais: a previsibilidade. "O leão é corajoso, a raposa é esperta, o lobo é esfomeado: o seu comportamento na fábula apenas irá confirmar aquilo que a gente já previa."[19]

Lehmann afirma que a problemática entre a fábula e o gesto coloca uma nova perspectiva sobre as peças de Brecht. A sua dramática fabulosa não está voltada para o caráter moralizante da fábula, mas para sua capacidade argumentativa. Assim, a

19   H.-T. Lehmann, *Escritura Política no Texto Teatral*, p. 248.

perspectiva teatral e poética de Brecht não é ajustar as ideias do espectador diante da fábula, mas deslocá-las.

Podemos, ainda, ampliar as relações entre fábula e gesto, aproximando-os do conceito de montagem. Segundo Koudela, a montagem visa romper com o conceito de evolução, decompondo a situação em outros tantos elementos particulares que o atuante, na peça didática, remontará em seguida. A possibilidade da remontagem da fábula privilegia o sentido de processo em detrimento da concepção de produto acabado, finalizado. Isso significa que estão previstas, no jogo com o modelo de ação, diversas possibilidades de versões e interpretações, e a coexistência de inúmeras significações por parte do jogador atuante. É importante ressaltar, mais uma vez, que a ideia de jogo com a peça didática está pautada nas possibilidades de investigação que o atuante realiza ou realizará com o modelo de ação, sem a pretensa ideia de transformar o jogo numa técnica para se alcançar uma determinada representação perfeita e, por conseguinte, a elaboração de produtos teatrais destinados a um determinado público. Valendo-se do sentido de processo é que se pode conceber as peças didáticas como experimentos que estão sempre em estado de montagem e desmontagem ou, ainda, como um meio de educação que procura gerar novos meios de produção e novas formas de fazer teatro.

A proposta do modelo de ação pode ser também correlacionada aos estudos de Walter Benjamin sobre a alegoria moderna. A primeira correlação a ser destacada é o paralelo entre as propostas de modelo de ação preconizadas por Brecht, fundamentalmente no que concerne à ideia de atitudes associais, e a afirmação de Benjamin de que a alegoria moderna está a serviço da representação da degeneração e alienação humanas. Se em Brecht o ensinamento ocorre por meio do exame das atitudes associais dos homens com outros homens, em Benjamin há a reflexão de que o ensinamento proveniente das alegorias está relacionado com o mal. Para ele, é parte do projeto pedagógico das alegorias ensinar como o mal é introduzido no mundo. Dessa forma, tanto nas alegorias como no modelo de ação, o que está em pauta é a discussão acerca do modelo e da sua capacidade de gerar comportamentos e atitudes sociais.

Outra correlação possível entre o modelo de ação bre-chtiano e a visão benjaminiana sobre alegoria está na concepção de que o ensinamento contido no modelo deve ser desvelado e, ao ser desvelado, ele ressurgirá como um novo conhecimento. Assim, novas significações para coisas já significadas surgirão durante a leitura da alegoria ou do jogo com a peça didática. A concepção de estranhamento defendida por Brecht também se faz presente na alegoria. Para Benjamin, a operação racional da alegoria está em transformar aquilo que parece velho em algo novo, gerando novas respostas para velhos problemas. Nesse sentido, tanto nas alegorias como no modelo de ação está expli-citado o jogo dialético entre a realidade social do observador/atuante e o modelo com o qual é confrontado.

Destaca-se, também, o conceito de fragmento e sua rela-ção com a peça didática. Segundo Benjamin, o fragmentário subjaz à estruturação da alegoria. Assim, cada alegoria é um fragmento da realidade capaz de exprimir, com poucos traços, uma série de conceitos e dados históricos. Na mesma direção, encontramos a ideia de fragmento na qual Brecht busca fracio-nar as ações do cotidiano, organizá-las em unidades mínimas, para que se aprenda o sentido do coletivo, do social, em que a unidade mínima não é um homem, mas dois homens.

No Brasil, o conceito de modelo de ação tem sido ampliado por Ingrid Koudela, cujas contribuições nos possibilita pensar como modelo não só textos escritos, dramáticos, mas também textos imagéticos. Não se trata de qualquer texto imagético, mas de obras de arte relacionadas à produção de artistas que têm uma trajetória significativa no âmbito das artes visuais. A opção por obras de arte reside na concepção brechtiana de que para que o modelo possa ser imitado é necessário que haja nele algo de soberano, digno de ser imitável. O que se busca é um modelo em que seja possível aprender com o autor da obra. Assim, as imagens que têm interessado a pesquisadora e encenadora são obras clássicas[20]. Aí, encontramos dois motivos relevantes: o

20 A partir do século XVII, de acordo com a etimologia da palavra, oriunda do latim – *classis* (classe, divisão) –, "clássico" refere-se à cultura dos antigos gregos e romanos e define a mais alta classe da arte. Ao longo dos anos, o termo passou a ser compreendido como modelo exemplar, digno de imitação, cujo valor foi posto à prova do tempo. Devido ao seu reconhecido valor, o clássico traz consigo um conjunto de conhecimentos a serem estudados nas "classes" de estudantes.

primeiro deles é que se trata de obras que estão na contramão da indústria cultural; e o outro se refere à ideia de que são obras que assumiram um caráter alegórico histórico, tanto pela sua significância artística como pela sua representação social, que inquietam não apenas pela maneira como têm sido olhadas, mas fundamentalmente pela forma como elas olham o mundo e fazem o espectador pensar.

Uma imagem é modelo de ação quando evidencia sua vocação primeira: o ensinamento, o que significa a evidência de sua capacidade de mobilização estética para além da sua visibilidade. Conceber imagens como modelo de ação consiste em penetrar no campo da estética e da significação sócio-histórica da obra, propiciando aos atuantes processos dialógicos e dialéticos que permitam examinar o contexto atual da obra e a compreensão da história trazida pela imagem.

Salienta-se que nas experimentações cênicas dirigidas por Koudela, mais precisamente no espetáculo *Chamas na Penugem*, o modelo de ação foi constituído pelas gravuras de Pieter Brüegel, o Velho. A partir da leitura das gravuras *Os Sete Vícios Capitais*, os atuantes foram conduzidos ao exame da obra do artista flamenco e de suas relações com a Idade Média e o Renascimento. As imagens de Brüegel como modelo de ação possibilitaram aos atuantes refletir sobre as relações dos homens, por meio dos vícios e da ligação dos vícios capitais com a religião e com os paradigmas da sociedade. As gravuras foram examinadas pelos atuantes, levando em consideração os seguintes aspectos do modelo de ação brechtiano:

- A reprodutibilidade de modelos por qualquer pessoa, através da recepção ativa.
- A transformaçãso do modelo através de outros materiais (imagens, intertextualidade) trazidos pelos jogadores.
- O autor/ator ou ator-compositor, ou intérprete-criador, passa a ser sujeito ativo e autônomo na proposição da criação teatral.[21]

Durante o processo de montagem de *Chamas na Penugem*, as imagens de Pieter Brueghel, o Velho, foram utilizadas como

---

21   Cf. I.D. Koudela, A Encenação Contemporânea Como Prática Pedagógica, *Urdimento*, n. 10, p. 46.

material estético a ser investigado e descoberto pelos jogadores para a composição de cenas. Diversos jogos que objetivavam investigar o significado de cada elemento representado nas gravuras faziam com que os jogadores dialogassem com a obra, atualizando os seus conteúdos. A inventariação desses conteúdos auxiliaram os jogadores na construção do *texto cênico*.

Tanto para a encenadora como para os jogadores tornou-se relevante propor perguntas à obra. Como já foi mencionado, a relação dialógica foi a premissa básica para a leitura formal e a leitura dos significados das gravuras *Os Sete Vícios Capitais*.

AS SESSÕES DE LEITURA DAS GRAVURAS DE PIETER BRUEGHEL, O VELHO

Foram desenvolvidas sete sessões de leitura das gravuras intituladas *Os Setes Vícios Capitais*, criadas pelo artista entre 1556 e 1557. Cabe reiterar que o objetivo dessas sessões era a aproximação dos atuantes com a imagem, com o propósito de desvelar todo o material visual e as significações de cada elemento representado na obra. Soma-se a esse objetivo a concepção de modelo de ação com a perspectiva da construção de um espetáculo teatral.

As propostas de leitura das gravuras foram fundamentadas nos princípios da leitura cognitiva, o que implicou perceber as imagens como objetos de aprendizagem, com ênfase na capacidade de observação dos atuantes, envolvendo a habilidade de ver e descrever a cena visual, a fim de trazer à tona uma multiplicidade de percepções particulares, sucessivas e capazes de abranger aspectos da visualidade da obra. Nesse sentido, o procedimento mais enfatizado foi o da descrição da imagem. A descrição mais explorada foi aquela que se relaciona com a ação de detalhar cada elemento representado na obra, buscando ver, minuciosamente, cada figura e cada gesto representado por Pieter Brueghel. Contemplou-se também a identificação das opções estéticas do artista e a distribuição da imagem no espaço.

A importância da leitura descritiva está no fato de percebermos que o significado de uma obra se inicia na maneira como o artista seleciona e organiza os significantes. Assim, descrever uma imagem impõe um olhar analítico, voltado à materialidade da obra, à sua "pele". Pela descrição, é possível construir a ideia de que a leitura dos significados de uma obra deve ser acompanhada da leitura formal dos elementos que compõem a produção artística.

Após as etapas de descrição, os atuantes passaram à leitura hermenêutica das gravuras, pautada no método histórico--alegórico, cuja ênfase da interpretação está na decifração dos significados a partir de referências históricas. Assim sendo, só o olhar e a identificação dos elementos representados na obra não eram suficientes. Documentos de cunho histórico e dicionários de símbolos[22] passaram a ser nossos companheiros na interpretação das imagens.

Gradativamente, as imagens foram apresentadas ao grupo. Iniciávamos sempre com uma exposição visual para uma observação individual e silenciosa dos atuantes. Em seguida, elas eram expostas à descrição verbal, e depois as análises eram nomeadas coletivamente pelos atuantes, em vozes simultâneas, incentivando a verbalização do que haviam percebido na leitura individual e silenciosa. O protocolo do atuante Marcelo Plácido retrata bem o clima que se estabelece nesse procedimento na sala de ensaio:

Quando todos são instruídos para falarem juntos, em voz alta, é um volume enorme. Ouve-se daqui um: olha ali! Ouve-se de lá: nossa! Alguém busca chamar a atenção para si, falando alto: o que é aquilo lá em cima? Você ouve muitas vozes... Simultaneamente... Olhos e bocas clamam para compreender esse universo diabólico... Às vezes, fecho os olhos, tenho a sensação de que são as próprias vozes do quadro se manifestando. (Marcelo Plácido)

Esses procedimentos foram retomados na leitura das sete gravuras e serviram de aquecimento visual, ao mesmo tempo que contribuíram para privilegiar o olhar descritivo. Esse olhar foi, desde cedo, determinante para a opção estética do

---

22 Em especial, *Dicionário de Símbolos*, de Jean Chevalier e Alain Gheerbrant. Esse livro passou a acompanhar as sessões de leitura e serviram de base para a maior parte do trabalho "arqueológico" de decifração das alegorias representadas nas gravuras de Pieter Brueghel.

espetáculo. O desafio cênico era a transposição das gravuras para o palco, mantendo as suas características composicionais e o material gestual de Pieter Brueghel, o Velho. Não fazia parte das propostas da encenação a transposição de interpretações subjetivas do grupo sobre a obra. O desafio era dar tridimensionalidade às figuras representadas por Brueghel em cada uma das gravuras, construindo as imagens no palco com base na ideia de *tableaux vivants*. "Interessa-nos o quadro em si e não a nossa ideia do quadro. Analisamos o quadro e não o que passamos a enxergar a partir dele. Esse é o nosso problema!" (Vanessa Soares)

O diálogo com a obra se iniciava com a projeção da imagem numa tela branca, por meio de um retroprojetor, com as seguintes instruções aos atuantes:

Acomodem-se no espaço diante da obra, não é preciso ficar o tempo todo sentado. Vocês podem se deslocar no espaço e se aproximar da imagem como num museu. Busquem vários ângulos para a observação da obra! Olhem a imagem! Não verbalizem o que estão vendo! Detenham-se numa observação descritiva. Busquem mapear todos os elementos representados na obra.

Durante a leitura silenciosa, os atuantes eram indagados sobre questões específicas referentes à materialidade plástica da obra: o que os seus olhos observam à direita da imagem? O que seus olhos veem à esquerda da obra? O que está em primeiro plano? O que você vê no fundo da imagem? O que você vê no centro da obra? Há cores na imagem? Qual é a técnica utilizada pelo artista? Qual é a relação entre as figuras e o fundo? Como as figuras estão dispostas no espaço?

Após a verbalização do inventário realizado pelos alunos, passava-se à audição de um texto descritivo, escrito por Ingrid Koudela. Num trecho do protocolo de Robson Catalunha, é possível destacar o papel que Koudela assumiu no trabalho com esses textos descritivos: "Ao assumir a tarefa de criar um texto com base na descrição das imagens, Ingrid agregou, portanto, a função artística de dramaturga." Essa função culminou na criação de um texto que, inicialmente, auxiliou numa leitura mais minuciosa da imagem, contribuindo para que os atuantes se detivessem em detalhes que passavam despercebidos no exercício de leitura da obra ou que não tinham sido destacados pelo grupo. Numa etapa seguinte, que será explicitada melhor no próximo capítulo, esse texto descritivo, porém organizado de forma poética, passou a constituir o texto da encenação.

A leitura do texto da Ingrid [...] gerou muitas inquietações! O texto sugere percepções que não se encerram [...] na descrição. Contribui para uma maneira de se relacionar novamente com a obra, que agora assume outros sentidos, além daqueles identificados pela nossa ação de olhar [...] (Eliane Ribeiro)

O texto de Koudela relaciona-se a um tipo de gênero literário urbano denominado "imagem de pensamento". Trata-se de uma forma literária definida por Heinz Schlaffer e típica da República de Weimar.

O gênero tem estreita relação com a tradição bíblica de narrar histórias de forma épica, descrevendo detalhadamente as personagens, suas ações e as paisagens. A *imagem de pensamento* tornou-se uma espécie de parábola urbana ou alegoria urbana.

Segundo o autor Willi Bolle, a principal característica desse gênero é a tensão entre *pictura* e *scriptura*. É uma reativação da alegoria barroca, a partir de elementos urbanos. A analogia que se pode construir é de que a *scriptura* é para a *pictura* o que a legenda é para o mapa. Assim sendo, imagem escrita e escrita imagética se entrelaçam. O gênero foi explorado por autores como Walter Benjamin, Bertolt Brecht, Heiner Müller e até mesmo Kafka.

Encontramos esse intento em "Descrição de Imagem" (1993), de Heiner Müller. Esse texto possui um único parágrafo, com uma sucessão de imagens descritas. Não se sabe ao certo quem é a personagem, mas pode-se deduzir que se trata de alguém que, por algum motivo, começa a descrever situações, paisagens, sensações e faz inferências interpretativas sobre os objetos que vê (imaginários ou reais, não é possível determinar). Ao final do texto, o autor nos oferece a seguinte instrução:

DESCRIÇÃO DE IMAGEM pode ser lida como um retoque em ALCESTE que cita a peça nô KUMASSAKA, o 11. Conto da ODISSEIA, OS PÁSSAROS de Hitchcock e a TEMPESTADE DE Shakespeare. O texto descreve uma paisagem vista de além-túmulo. A ação é livre, já que as sequências são passado, explosão de uma lembrança numa estrutura dramática morta.[23]

O texto possui um ritmo que se assemelha com a nossa capacidade mental de sobrepor imagens, de transgredir a história causal e associar imagens desconectas entre si no espaço e no tempo. A enxurrada imagética leva-nos a imaginar que a personagem está descrevendo um sonho. Como salienta Müller, é uma "explosão de uma lembrança" moribunda, que estilhaça, multiplica e se associa a outras lembranças que aparentam ser ora reais, ora fruto de uma imaginação criativa:

pela posição da mesa, uma peça grosseira de trabalho manual, as pernas cruzadas são troncos de bétula nova e tosca, pode-se concluir que o sol, ou seja o que for que lança luz sobre esse lugar, no momento da imagem está no zênite, pode ser que o sol esteja lá sempre e NA ETERNIDADE: que ele se movimente, não se pode provar pela imagem, as nuvens também, se é que são nuvens, flutuam talvez no lugar, o esqueleto de arame sua armação numa tabuleta azul manchada com a tirânica inscrição CÉU, num galho de árvore um pássaro, a folhagem encobre sua identidade, pode ser um abutre ou um pavão ou um abutre com cabeça de pavão[24].

O ponto de vista sugerido é do além-túmulo. Parece que a instrução é para que se veja a partir de ruínas, de fragmentos de imagens, de cenas já vistas e reapresentadas, que vão de Shakespeare a Hitchcock. Isso preconiza olhar a vida por uma "brecha de vista que se abre no tempo entre um olhar e outro"[25]. Essa brecha é, provavelmente, a mesma relacionada à retenção retiniana, que nos permite ver as cenas de um filme em movimento. É entre um abrir e fechar de olhos que a imagem se fixa e se movimenta.

Assim sendo, a ação do texto pode ser representada de qualquer forma, visto que, segundo o autor, "a ação é livre, numa estrutura dramática morta". A escritura do texto foge à forma dramática tradicional: não está em diálogo, não há personagens, não há indicações cênicas. É também a destruição

23 *Medeamaterial e Outros Textos*, p. 159.
24 Ibidem, p. 153-154.
25 Ibidem, p. 153.

da linguagem teatral que está em jogo. A relação com o espectador não ocorrerá pela identificação com a personagem, mas pela escuta. Trata-se de uma teatralidade anterior à teatralidade cênica, marcada pelo pensamento simbólico, que permite olhar, ver, imaginar e representar.

Müller se utiliza do bombardeio de descrições de imagens para conduzir o espectador à exaustão. O mesmo efeito do excesso de estímulos visuais que está presente em nosso cotidiano e nos conduz ao entorpecimento. Ao lançar mão, por exemplo, do mesmo modelo multimidiático, em que a utilização desenfreada de imagens sucessivas é a regra geral, Müller conduz o espectador a um estado de alerta visual.

O texto "Descrição de Imagem" foi inspirado num desenho de uma estudante que não sabia desenhar. As imperfeições gráficas cederam espaço ao imaginário. Com a falta de clareza, a imagem foi recoberta com palavras, que a tornaram mais abstrata.

Para Ingrid Koudela esse texto se alinha à velha tradição do *tableau vivant*, sobre o qual discorremos anteriormente. Para a autora, "Descrição de Imagem" é, na verdade, a descrição de um *tableau vivant*. Nesse sentido, o papel do espectador-leitor também é problematizado, uma vez que a materialidade do texto não está na cena teatral, mas na própria imaginação do ouvinte.

No experimento de *Chamas na Penugem*, o texto escrito por Koudela para a leitura da primeira gravura, a Luxúria (*Lvxvria*), foi fundamental para aprofundar o olhar descritivo dos alunos e inseri-los na profusão de figuras e situações que se sucedem nas gravuras de Brueghel. Além de se deter na descrição das situações, personagens e objetos representados na obra de Brueghel, o texto faz emergir o universo onírico presente em cada uma das gravuras.

FIGURA 4: *Pieter Brueghel, O Velho,* A Luxúria *(1557). "A luxúria debilita a potência e enfraquece os membros."*

LUXURIA[26]
Luxuria enervat vires, effeminat artus.

à direita embaixo uma figura com o rosto coberto parece segurar com a mão direita um falo amputado e com a esquerda uma longa faca prestes a desferir novo golpe em um de seus pés aninha-se um pássaro demônio um estilingue pende do tornozelo uma figura feminina nua é debochada por um monstro sentado em um trono que enfia a língua em sua boca aberta e manipula seus seios uma de suas mãos abraça seus ombros a outra toca seus genitais bestas demoníacas estão à

26 O texto aqui apresentado está grafado, propositalmente, sem pontuação e sem respeitar as regras de ortografia da norma culta da língua portuguesa. Isso se deve à forma como ele foi verbalizado na encenação, com o objetivo de criar um ritmo contínuo e distanciado. Koudela organizou o texto dessa maneira e a sua verbalização foi gravada em estúdio de Rádio, no Laboratório de Comunicação da Universidade de Sorocaba, durante o processo de montagem do espetáculo *Chamas na Penugem*. Essa gravação contou com a voz do ator Mário Pérsico que, de acordo com as instruções da encenadora, lia o texto de maneira monocórdia, oferecendo aos ouvintes a sensação de sobreposição de imagens, de transgressão causal dos fatos representados nas gravuras de Pieter Brueghel e de▸

volta deles dentro da árvore sagrada morta que forma um ninho de amor um dos homens parece aguardar para servir-lhes afrodisíaco atrás do trono um animal ou talvez ser humano está deitado de costas com uma longa cauda projetada como um falo entre suas pernas acima do trono há um galo logo abaixo uma cabeça de boca aberta com os braços erguidos é ao mesmo tempo nádegas fenda vaginal e pernas vertendo sobre seu cabelo o conteúdo de um grande ovo atravessado por uma faca logo acima um par de monstros alados copula como gatos à direita dois cachorros copulam enquanto um monstro ergue um bastão pronto a bater neles durante o ato na árvore sagrada há um veado com chifres em cuja boca há uma maçã outras maçãs nos galhos da árvore no topo da árvore uma estranha bacia do amor dentro de uma concha ou ostra monstruosa parcialmente aberta há uma bolha ou esfera de vidro com um casal de seres humanos se beijando um macaco desce uma lâmpada próxima à esquerda da árvore marcha uma procissão guiada por um monge tocando uma gaita de fole um ser humano nu cavalgando um monstro parecendo um cavalo está sendo publicamente punido na procissão atrás dele caminham um homem e uma mulher nus próximo ao canto esquerdo embaixo um animal demoníaco aponta para o espetáculo a um pecador sentado ao seu lado um pequeno riacho atravessa do meio para o fundo a paisagem onde são reverenciados casais que ali se entregam a seus prazeres uma mulher nua atravessa o riacho imersa na água até a altura de seus genitais o riacho vem de um moinho na água próximo às duas rodas que parecem estar girando há um casal de braços erguidos um monstruoso pássaro com rabo de cobra voa no céu na linha do horizonte vemos um barco de pesca e traços de fogo no horizonte à direita da árvore sagrada há um castelo e algumas estruturas humanoides em uma delas um tubarão faminto saltou do lodo e devora homens tomados pelo horror próximo ao canto esquerdo um ser humano agachado esvazia seu intestino ajudado pelo bico de uma ave demoníaca acima deles um monstruoso macaco rola sobre as costas ostentando lascivamente seu ânus e genitais próximo ao canto da direita seres humanos são cozidos em um assento quente

Um trecho do protocolo do atuante Robson Catalunha (2008) narra como foi encaminhada a primeira sessão de leitura da gravura da Luxúria:

O processo teve início com o que convencionamos chamar de leitura e descrição da imagem, dessa forma, a gravura da Luxúria nos foi apresentada – nosso primeiro *modelo de ação*. [...] O inicial dessa atividade estava na contemplação da obra através do contato visual. A gravura foi exibida ao grupo e, aos poucos, nossos olhos foram mapeando silenciosamente a imagem. Caso alguém manifestasse suas impressões era instruído para que apenas observasse. Em seguida, cerca de dez a quinze minutos depois, abria-se espaço para a verbalização das impressões.

> ▷ fragmentação, que rompiam com as conexões entre o espaço e o tempo na cena. Vale ressaltar que essa figuração textual surgiu durante o processo de criação da encenação, em algumas experimentações cênicas. Inicialmente, o texto continha pontuações e as demais regras que, normalmente, estão configuradas num documento escrito. No entanto, foi exatamente a quebra desses paradigmas textuais que trouxeram a possibilidade de romper com a concepção clássica do texto dramático e permitiu manter os pressupostos da leitura descritiva na encenação.

Outro trecho do protocolo de Catalunha apresenta-nos as suas impressões, provenientes dos procedimentos instaurados durante a leitura da gravura, principalmente as influências do texto descritivo de Koudela nesse trabalho.

Uma figura feminina ao centro, talvez a Senhora Luxúria, ao lado de uma figura demoníaca sentada em um trono. Um garçom com uma jarra. Uma macieira. Muitos animais (associados ao folclore flamenco com a Luxúria). Dois cachorros copulam e uma figura demoníaca está prestes a acertá-los com um pau. Um pássaro com o bico no ânus de um homem. Um monge com gaita de fole na procissão. Uma fonte: deve ser a fonte da Luxúria. Uma figura com uma faca em uma das mãos e um falo amputado na outra. Um ovo aparece sendo segurado por uma figura demoníaca composta somente de cabeça e membros inferiores, possui uma boca ao mesmo tempo ânus. O ovo era considerado afrodisíaco. O galo é símbolo da Luxúria (consegue galar cerca de vinte galinhas por dia).

A descrição de Catalunha também nos apresenta a relação que Brueghel coloca entre o homem e o animal. Na gravura da Luxúria e nas demais, o que está em jogo é a tensão entre a natureza e os dogmas da Igreja Católica na época. Um galo "consegue galar cerca de vinte galinhas por dia" porque a natureza o fez assim. E o homem, o que deve fazer com seus instintos sexuais? Outro dado importante no texto de Catalunha é a busca por uma leitura histórico-alegórica. Ao identificar, na gravura, a representação do ovo em diversas formas, o atuante foi buscar uma resposta histórica para tal representação – "o ovo era considerado afrodisíaco" –, assim como a identificação de muitos elementos ligados ao folclore flamenco. Essa interpretação histórica e alegórica se estendeu por outras gravuras e trouxe a possibilidade de se aproximar dos elementos comunicacionais da obra de Brueghel, que se perderam ao longo da trajetória social do homem. Esses dados colocaram cada atuante na condição de investigadores, de arqueólogos do conhecimento contido nas gravuras. Temos, nessa ação, a validade de dois princípios que caracterizam a alegoria: um se refere à ideia de que cada alegoria traz consigo um fragmento da história e outro, de que a intenção primeira da alegoria é o ensinamento.

A leitura da imagem me fez compreender melhor o conceito da alegoria e como ela pode ser identificada no teatro. A alegoria está associada à metáfora. No teatro elas são fisicalizadas através das personagens. Por exemplo, as personagens de Gil Vicente, no *Auto da Barca do Inferno*. (Ramon Aires)

A segunda gravura lida pelo grupo foi a Preguiça (*Desidia*). Além das questões pontuadas na primeira leitura, foram acrescidas outras particularidades objetivando aprofundar a observação dos atuantes com relação aos aspectos de *aproximação* e *similaridade*. Nas gravuras de Brueghel, esses recursos plásticos são explorados com o propósito de criar diversos planos e romper com a perspectiva clássica renascentista. As questões colocadas foram as seguintes: que figuras parecem estar mais próximas de você? Por quê? As dimensões das figuras que estão no primeiro plano são as mesmas que estão mais ao fundo? Você consegue distinguir quais são as figuras humanas na obra e quais são os animais? Existem figuras que possuem características humanas e, ao mesmo tempo, de animais?

Esta aula me lembrou um livro que vi na infância, *Onde Está o Wally*, de tanta coisa encontrada no quadro. É realmente um mundo fantasmagórico, imagine eu na Idade Média fazendo parte daquilo tudo?!.... Meu senhor! Como atriz devo confessar que é instigante fazer parte de uma gravura, que está intacta, mas muito tem para oferecer. A proposta de trabalhar como atuantes contribui com a ideia de que estamos compondo um jogo e o que prevalece na montagem não é a atuação em si e sim o material construído como um todo... Ninguém se destaca, o coletivo está em prol de uma proposta que foi lançada e cabe a ele funcionar na medida do jogo. (Eliane Ribeiro)

O trecho a seguir, do protocolo de Catalunha, revela os caminhos percorridos pelo grupo na leitura da gravura da Preguiça:

Em uma quarta-feira nublada, mais exatamente uma quarta de fevereiro de 2008, acordei atrasado. Uma força maior me mantinha atrelado ao edredom e não me deixava despertar. Coincidentemente nesta quarta a gravura analisada foi a Preguiça.

O procedimento corriqueiro de contemplação da imagem desencadeou um jogo diferenciado. Fomos instruídos a direcionarmos nossos olhares para a gravura num movimento cíclico, atentando para os detalhes. Tínhamos que iniciar a observação em algum ponto da imagem e percorrer todo o espaço da gravura, retornando ao ponto de partida. Em seguida, com lápis e folha branca em mãos, de olhos fechados, passamos para o papel as imagens que nos haviam chamado a atenção.

Assim que mapeamos toda a gravura, nos dividimos em duas fileiras, de frente uma para a outra, e fomos instruídos a construir um gesto, com base nas ações representadas na obra de Brueghel, a ser imitado pelo jogador correspondente da outra fileira. Assim, um a um construiu um gesto e foi imitado. Essa prática permitiu a apropriação da imagem através do gesto e ofereceu aos atuantes a possibilidade de experimentar uma personagem da gravura.

Na leitura da gravura da Preguiça, a busca por um olhar que transitasse livremente pela obra trouxe aos leitores a possibilidade de identificar características peculiares às composições de Brueghel. As figuras estão dispostas no espaço sem obedecer à lei da perspectiva clássica, isto é, nem sempre as figuras maiores estão na frente e as figuras menores estão atrás. Outro dado é a percepção de que não há um ordenamento linear; são planos que se sobrepõem trazendo a sensação de desordem. A maneira como as figuras estão dispostas no espaço causa-nos um distanciamento em relação à própria origem dos sete pecados capitais. Nas suas gravuras, não vemos a ordem cristã, que vem sempre embasada pela ordem divina e pune os que caem em tentação. Em oposição à ideia de pecado, o artista organiza a alegoria a partir de figuras disformes, animalescas, que são tomadas pelos seus instintos mais primitivos. As figuras padecem da degeneração física e não espiritual. Na gravura, todos estão sob o estado de vício e não há quem possa escapar disso, seja um eclesiástico, seja um animal, seja um mero camponês. Não há um estado de julgamento, com base numa ordem cristã, e a imagem alegórica não se divide entre os que pecam e os que se salvam. Todos são culpados. Ninguém escapa. Na gravura da Preguiça, e isso se repetirá também nas outras imagens, as formas humanas constituem um grupo de representações grotescas. Essas representações estão afinadas com a didática de Brueghel, conduzindo o leitor à análise das relações dos homens com o universo diabólico e perverso que habita o ser humano.

Brueghel tenta nos passar por imagens impactantes e diabólicas um mundo estranho. Um mundo fantasmagórico, permeado de dados históricos e culturais. E agora, me vi viva na imagem e me senti de corpo e alma dentro da gravura, quando tive que imitar um gesto do quadro. O quadro ganhou vida a partir do meu corpo, do corpo do meu parceiro de jogo. Agora faço parte desse mundo que antes era distante e foi fisicalizado por mim. Agora eu sou um deles... A sensação que tenho é de puro prazer e realização, tanto pela imagem que se constrói como pela recepção que sinto dos companheiros de jogo. (Eliane Ribeiro)

Os protocolos de Catalunha e de Ribeiro nos apontam outro dado importante no universo bruegheliano: o gesto histórico que cada figura representada carrega. Com a leitura do texto de Koudela, a discussão acerca desse dado se acirrou e foi aprofundado nas outras leituras. A seguir, o texto sobre a Preguiça, de autoria da encenadora.

FIGURA 5: *Pieter Brueghel, o Velho,* A Preguiça *(1557). "A preguiça destrói a força, o ócio longo enfraquece os nervos."*

DESIDIA
Segnities robur frangit, longa otia nervos debilitant.

uma figura feminina velha e feia dorme de boca aberta repousando sobre um asno adormecido um monstro ajusta seu travesseiro à sua volta arrastam-se imensos caracóis um demônio com asas ouve os roncos da mulher à direita um monstro com bico de cegonha em trajes de monge carrega um homem indolente demais para deixar a sua cama mais abaixo à esquerda perto de uma ribanceira arrasta-se um monstro todo cabeça e pés puxando uma cauda que parece meio peixe meio galho de árvore dentro de outra árvore sagrada mais à esquerda há uma cabeça de porco enorme seus galhos servem de apoio a um pássaro diabólico à direita da mulher há uma árvore que tem a estrutura de uma concha homens nus e monstros dormem ao redor de uma mesa um casal está deitado na cama atrás de uma cortina o demônio parece estar à sua volta como se quisesse atrair a menina adormecida uma coruja espia um homem preso dentro de um grande mecanismo de relógio bate em um sino com o seu martelo à esquerda em cima um braço humano aponta para as onze horas atrás parece se anunciar uma catástrofe uma labareda está incendiando uma estrutura quebrada cujos vãos foram forrados com galhos mortos um pouco mais à direita logo abaixo um topo de montanha tem uma face que parece humana expelindo fogo um pouco mais adiante à direita uma enorme lesma estica suas antenas até o céu enquanto se arrasta atravessando um arco de pedra anões sem rosto atrás da bunda do gigante parecem estar induzindo movimentos intestinais com varapaus outra coruja olha por uma pequena janela quadrada no telhado no riacho um pouco mais à esquerda dois demônios parecem arrastar uma mulher escondida dentro de um ovo sagrado

No excerto que se segue, temos o depoimento de outro atuante, Michel Farah, que revela as descobertas que essa sessão de leitura trouxe ao grupo: "Estou diante de uma didática, a didática alegórico-diabólica de Pieter Brueghel. Trata-se de uma didática que nos tira do centro. [...] o elenco ficou bastante agitado, ansioso. Esse comportamento manifesta o envolvimento com o processo."

A Avareza (*Avaritia*) foi a terceira imagem a ser escolhida para a sessão de leitura de imagem. As questões-chave que se somaram às instruções habitualmente dadas aos atuantes foram as seguintes: qual é a figura central da gravura? É possível identificá-la? O que esta figura representa? É possível enumerar as ações representadas por Brueghel nessa gravura?

Como uma câmera Domo, nosso olhar devasta as gravuras de Brueghel, varreduras, *zoom*, busca em todos os ângulos. Do mesmo modo que a pequena célula de atores, a turma de teatro, é vigiada na Uniso, nós também vigiamos os vilarejos de Pieter Brueghel. Também somos vigiados por olhos que nos enxergam. A Uniso possui dezesseis câmeras, sendo duas Domo, giratórias, que captam o menor movimento nas fronteiras da universidade. (Ivanise Carlo)

Nessa leitura, apropriamo-nos de outro recurso que passou a ser fundamental nas observações das obras. Além da projeção da imagem por meio do retroprojetor, passamos a utilizar um computador. O programa *Microsoft PowerPoint* nos ofereceu a possibilidade de ver em *zoom* alguns detalhes que não era possível perceber na projeção do retroprojetor. De posse dessa ferramenta, passamos a ter, lado a lado, um retroprojetor e a projeção da gravura em *data show*[27]. Esses recursos foram fundamentais para que a leitura dos atuantes se aproximasse dos detalhes descritos no texto de Koudela, tendo em vista que seu texto era originário de uma leitura mais próxima da obra, e a leitura processada na sala de ensaios contava com as dificuldades de uma projeção e de uma reprodução ampliada da imagem. No protocolo de Catalunha encontramos informações sobre essa dificuldade:

A projeção da gravura, alguns metros de distância dos nossos olhos, impossibilitava de descrever com exatidão os pormenores da obra, devido à multiplicidade de ações simultâneas e a riqueza de detalhes, uma das principais características das obras de Brueghel. Somente após submetermos a leitura da imagem ao auxílio de um programa de computador, com o recurso do *zoom*, pudemos ter acesso a muitos detalhes imperceptíveis num primeiro contato visual.

Outro procedimento adotado que favoreceu a observação dos atuantes para as múltiplas cenas representadas na gravura foi a criação de um visor. Numa folha de papel, os atuantes recortaram um quadrado que permitiu a eles olharem para a projeção, selecionando detalhes, partes, fragmentos da gravura. Em outro instante, os atuantes foram divididos em duplas e descreveram para o parceiro, verbalmente, o que tinham visto na figura. O parceiro ouvinte deveria permanecer de olhos fechados enquanto ouvia a descrição do colega. Em continuidade a esse procedimento, os alunos ouviram o texto de Koudela de olhos fechados.

---

27   Além do que já foi mencionado com relação aos programas utilizados, tínhamos a possibilidade de acessar a *internet* e, no mesmo instante em que ocorriam as descobertas, as dúvidas, os alunos podiam abrir *sites* de buscas e esclarecer suas indagações.

FIGURA 6: *Pieter Brueghel, o Velho, A Avareza (1556). "Há algum medo, algum pudor que possam conter a impaciência da avareza?"*

AVARITIA
Quis metus, aut pudor est unquam properantis avari?

os olhos da figura feminina parecem mirar seu colo mas também é possível que seja cega procura alcançar com a mão um baú que um crocodilo demoníaco enche de moedas retiradas de um grande vaso quebrado ela não vê nada ao seu redor e veste um chapéu aos seus pés engatinha um sapo avaro capaz de devorar sujeira e areia embora abundantes deixa de comer com medo de não haver o suficiente logo atrás da mulher fica a cabana do agiota que penhora vestimentas e utensílios dos pobres nus um homem trajando apenas um trapo penhora seu prato de comida à direita da cabana há um casal nu sentado e diante dele um grande registro de contas que mostra dívidas acumuladas um monstro alado aponta para os cálculos perto dali um nudista miserável junta moedas enquanto um monstro réptil sorrindo maliciosamente faz rolar um homem dentro de um barril moedas são esparramadas vítimas do agiota estão aprisionadas nas tesouras penduradas ao lado da porta um ladrão subiu no telhado e rouba as moedas do agiota no pote em forma de cebola ornamentado com motivos orientais que está sobre o telhado há um peixe parecendo um tubarão do cone acima se projeta uma vara da qual pende um porta-moeda furado usado como alvo por homens armados à direita suas setas são feitas com dinheiro duas figuras menores mais à direita estão fazendo furos numa bolsa mais ao fundo do mesmo lado um homem cavalga um boi às avessas seguido por uma figura que carrega fardos de roupa ainda mais ao fundo um monstruoso fole abana um fogo que envia fumaça através de um chapéu perpassado por uma espada que lembra um serrote na frente à direita um mendigo com rabo de peixe estende a sua tigela para um monstro com uma face imensa e pernas no traseiro do mendigo um pássaro demoníaco dá bicadas à esquerda embaixo um demônio com asas retira ouro de um grande saco perto de uma árvore oca e morta na qual está escondida uma vasilha com ouro um sinal da cruz acima um coro de demônios conduz um casal de pecadores nus e terrificados um mascarado gesticula em direção às tesouras anunciando o que espera o casal em uma moita seca atrás deles outra vítima está sendo queimada um assaltante está retirando uma moeda da fenda de um porta-moeda com uma longa vara perto de seu topo em cima de uma escada outro assaltante vai despedaçar o pote embaixo outros assaltantes já se reuniram para catar as moedas no chão ali perto um castelo adornado com motivos orientais está em chamas fumaça sai das torres que parecem grandes colmeias um monstro meio peixe meio pássaro mergulha no céu no fundo mais distante grandes labaredas destroem uma cidade e fortes

A instrução para que os atuantes descrevessem, ao pé do ouvido dos seus parceiros de jogo, o que viam na imagem revelou ao grupo a capacidade narrativa das gravuras. O atuante Catalunha destaca isso em outro parágrafo do seu protocolo, afirmando que Brueghel pinta "como um cinegrafista que utiliza sua filmadora sem que ninguém o perceba. Suas personagens não posam, movem-se na gravura como se ignorassem que alguém as observa. Narra a vida como ela é: feia, rústica, humilde e, às vezes, brutal".

O procedimento com visor contribuiu para a análise de elementos referentes à fragmentação. Brueghel faz alusões a determinadas situações sociais da Idade Média e ao acervo imaginário da época, utilizando-se da técnica da fragmentação. Suas gravuras são compostas de sucessivos quadros, *tableaux*, que são, na verdade, partes de um todo maior – o vício representado. As composições podem ser comparáveis ao mosaico, uma vez que as peças se justapõem em fragmentos para a constituição de um todo. Esse procedimento permitiu também ao grupo identificar que, no centro das gravuras, sempre está representada uma figura feminina: a figura alegórica do vício. Essa figura vem sempre acompanhada de um animal correspondente, aludindo ao estado animalesco que o vício induz.

Na Idade Média, a figura feminina era sempre utilizada para a representação do mal. A justificativa para isso reside na concepção de que a mulher representa a dualidade, o ambivalente. O mal e o bem são partes indissociáveis na cultura popular medieval. Foi a Igreja que tratou de separá-los, associando o mal aos prazeres terrestres e o bem ao poder divino. Segundo Bakhtin, essa representação está associada à alegoria *gaulesca*, na qual as figuras femininas eram utilizadas para a representação dos sentimentos e medos do homem medieval. Ao lado dessa alegoria, temos as alegorias cósmicas, que estão relacionadas aos elementais[28] e às forças da natureza. Nas alegorias cósmicas, o homem encontrava o caminho para lidar com o terrível e com a eminência da catástrofe. Bakhtin afirma que as alegorias cósmicas eram muito utilizadas nas festas carnavalescas e que essas festas eram, na verdade, rituais em que o homem, por meio de danças, músicas e representações buscava suplantar o mal.

todos esses seres estranhos que, surpreendentemente, brotam da imagem têm formas humanas e de animais. São grotescos. Alguns olham para esses seres e dizem que eles são a encarnação do mal. Eu os vejo como elementais. Nem homens, nem animal, nem o mal, nem o bom. Quando os vejo nos corpos dos atores, eles ganham movimentos ampliados, sons e dialetos que me fazem rir (Pedro Fontes).

Outro elemento que chamou a atenção na gravura foram as formas das construções arquitetônicas, semelhantes aos frascos utilizados pelos alquimistas. Na época, os alquimistas desempenhavam um papel social significativo na relação dos homens com a natureza e com o sobrenatural.

A fisicalização das descobertas do grupo também foi explorada pelos atuantes ao final da sessão de leitura. Em grupo, eles deveriam definir um parceiro que seria a *massa*, a matéria-prima para a construção de uma escultura viva, congelada – alegoria da Senhora Avareza. Assim, um atuante teria o corpo moldado pelos outros integrantes do grupo. O protocolo de Amanda Sobral relata esse processo:

28 De acordo com o *Dicionário de Símbolos*, de J. Chevalier e A. Gheerbrant, os elementais são partes constituintes dos conteúdos mitológicos medievais e, por intermédio deles, se explicava a origem e os conhecimentos relacionados aos fenômenos da natureza. Os sábios acreditavam que o mundo era formado por quatro elementos básicos: terra, água, ar e fogo. Para eles, por meio dos elementais, chegavam às mãos dos homens as ervas, flores e frutos, o oxigênio, a água e tudo o mais que a ciência, hoje, denomina como forças ou produtos naturais. Os elementais são seres híbridos com aparências que variam entre a forma humana e animal. Eles podem também se apresentar com outras configurações, como raios ou arco-íris. Para a mitologia medieval, eles são seres primários, dos quais evoluíram todas as outras espécies do mundo, e fazem parte da energia vital.

em um primeiro momento seu corpo estava levemente solto para a nossa manipulação, mas tínhamos que fazer com que nessa escultura houvesse vida. [...] Durante o jogo construímos gestos que acabaram revelando a atitude da Avareza, sem precisar fingir. Ao descobrir o Quem na imagem de Brueghel, descobrimos também o *gestus social* que a imagem de Brueghel carrega. Pensei no corpo-mídia. O *gestus* carrega uma ideia. Acredito que os gestos devem ser construídos a partir de algo que já existe e esse é o primeiro passo para a fisicalização da obra.

Nas palavras de Sobral, observa-se como o processo de leitura conduziu à fisicalização da gravura por parte dos atuantes e lhes trouxe a consciência da linguagem gestual. Por meio do jogo da Escultura (previsto no sistema de jogos teatrais) e munidos dos conteúdos que foram levantados durante a leitura, os atuantes puderam compreender que os seus desafios não estavam limitados à reprodução da visualidade da obra no palco, mas era preciso também ler os *gestos sociais* propostos por Brueghel.

Como Brueghel articula a didática, o ensinamento? As consequências são físicas e reais, não tem psicológico exacerbado, ele não mostra uma consequência para o depois da morte e sim a consequência física do ato de pecar. Ele é diabólico na construção dos ensinamentos e consegue ser mais cruel em suas indagações do que Brecht. Os *gestus* das figuras são uma síntese da história que elas representam e, esteticamente, no corpo dos alunos, ganham os contornos de uma escultura. (Eliane Ribeiro)

Na quarta sessão de leitura de imagem, foi descrita a gravura denominada Gula (*Gvla*). Questões relacionadas ao reconhecimento e à rememoração foram exploradas, focalizando as capacidades de reconhecer figuras que se repetem na série de gravuras: onde estão os elementais na gravura? Qual é a semelhança da configuração desses elementais com os observados na gravura anterior? O que você observa no fundo das gravuras?

Nossa! Um clima sinistro, misterioso surge no fundo da imagem. Vozes ressoavam enigmáticas de lá. O fundo traz à mente um clima tenebroso e nos causa medo. Eu identifiquei as imagens descritas porque já tinha visto essas imagens em outras gravuras, mas não me lembrava com nitidez. O texto da Ingrid me ajudou a recordar e ver com mais precisão. Saí do estado racional e deixei então a imaginação rolar à solta. (Eliane Ribeiro)

O texto descritivo de Koudela foi lido juntamente com o recurso do *zoom*, e ele, nessa sessão, assumiu também um caráter enunciativo. Assim sendo, conforme processavam a leitura do texto, os atuantes buscavam na imagem a figura ou ação descritiva.

FIGURA 7: *Pieter Brueghel, o Velho, A Gula (1557). "A embriaguez deve ser evitada, como a gulodice."*

GULA
Ebrietas est vitanda, ingluviesque ciborum.

uma figura feminina gorda com roupas de burguesa flamenga toma vinho de um jarro um monstro encapotado aguarda impaciente com um copo na mão a mulher está montada em um porco sinistro que tem orelhas e patas de trás semelhantes a um macaco outros hóspedes empanturram seus intestinos na mesa duas mulheres gordas nuas bebem vinho, encorajadas por parceiros de bebedeira monstruosos a barriga da mulher nua é tão grande que ela parece grávida um ser humano está vomitando sobre a ponte enquanto um demônio com bico segura sua cabeça o vômito cai na água para horror de outro ser humano imerso na corrente em um canto escuro embaixo da ponte a parte de cima de uma face aparece na corrente poluída equilibrando um ovo na cabeça um monstro engatinha na ribanceira logo à direita parece haver uma cabeça enorme suspensa apenas pelos braços que equilibra uma tigela com uma colher acima de seu chapéu do lado direito mais abaixo aparece um comedor de peixes deitado sua cintura parece cortada e costurada próximo ao rabo do peixe monstruoso um cão endiabrado pula para alcançar comida e bebida numa travessa nas costas de um demônio gordo vestido como açougueiro o interior de uma tenda é ocupado por um enorme barril de vinho um monstro gordo utiliza seu cântaro e copo para beber tão rápido quanto pode acima da tenda ergue-se uma árvore morta uma gaita de fole está pendurada no tronco com uma bolsa que parece bem gorda uma gaiola pende de um galho criaturas parecendo pássaros estão ali presas galinhas depenadas parecem penduradas na vara que forma a cabana um gigante com forma humana está preso à esquerda em um edifício do qual sai sua cabeça perfurada por um cabo que carrega rodas com espinhos horror e desespero em seu rosto mais acima à direita uma cabeça humana em forma de moinho de vento um dos olhos parece uma janela com as vidraças quebradas sacos de cereais ou talvez seres humanos ensacados são carregados por uma escada até o solo do moinho de vento que não cessa nunca a mastigação mecânica de seres que parecem humanos em sua boca no topo da cabeça há uma coruja observando tudo na ribanceira um homem gordo demais para caminhar sem ajuda apoia seu abdômen em um carrinho de mão à direita as pernas de um homem parecem se agitar inutilmente em um barril de vinho outros homens estão ajoelhados talvez suplicando para serem poupados das punições à esquerda da ribanceira um fogo aquece um grande caldeirão homens parecem querer alcançá-lo com um barco atrás deles e à esquerda outros homens parecem conduzidos por demônios a uma espécie de fogão na torre onde serão talvez cozidos ou defumados

O relato do atuante Catalunha nos possibilita elencar os procedimentos empregados à leitura da gravura Gula:

No encontro anterior fomos incumbidos de trazer doces para a atividade planejada para a semana seguinte, em que analisaríamos a gravura Gula. Ao entrarmos na sala de ensaio, nos deparamos com um banquete de guloseimas. Fomos instruídos a apenas observar os vários tipos de comida: chocolate, tortas doces, tortas salgadas, suspiros, refrigerantes, sucos, entre outros.

Durante algum tempo permanecemos contemplando e escolhendo o que mais nos apetecia. Algumas instruções foram dadas: Observem de perto! Agora, de longe! Sintam o cheiro dos alimentos! Que som você sente vontade de emitir? Agora escolha apenas um doce ou salgado e comam! Após todos terem ingerido a guloseima escolhida, a última instrução foi dada: Podem comer o que quiserem. O fato de a aula ter início às sete e meia da manhã fez com que muitos não comessem nada antes de ir para a aula, visto que o café da manhã seria realizado na sala de ensaio.

A última instrução resultou em um alvoroço geral em direção à mesa, na ânsia de degustar a guloseima mais saborosa. Alguns satisfeitos, outros empanturrados. A sensação física provocada pelo ato de comer demasiadamente foi utilizada para compreender a ação de algumas das personagens da gravura, concretizando assim a proposta do jogo e proporcionando a experiência de vivenciar fisicamente ao menos um dos vícios.

O primeiro jogo proposto após a leitura da imagem consistia em um "jogo dos sete erros". Cada um dos grupos recebeu versões da gravura, uma delas era uma impressão fiel da imagem, a outra apresentava modificações. Após compararmos as duas, encontramos cerca de 21 diferenças. A atividade de buscar imperfeições na obra possibilitou ao grupo examinar minuciosamente os detalhes da gravura.

O salivar característico do famélico diante de um alimento e a voracidade da degustação – sensação distinta, mas diretamente relacionada à gula – serviram de laboratório para a construção gestual do vício em questão. A segunda atividade proposta consistiu na reconstrução gestual da experiência física vivenciada. Um a um dos atores criou um gesto e mantinha a ação imóvel. A plateia fazia a leitura da cena e relacionava com as ações presentes na gravura.

Esse relato reforça, mais uma vez, a aproximação dos atuantes com o universo bruegheliano por meio da fisicalização das emoções. Nos jogos finais, depois de uma série de jogos de observação, os atuantes são desafiados a encontrar um gesto que possibilite ler a emoção sentida no banquete de guloseimas e, concomitantemente, relacioná-lo ao universo da gravura. Nesse sentido, os atuantes lidaram com as diferenças sensoriais que estão manifestadas em seu corpo. Puderam também perceber que a construção dos gestos está atrelada à construção estética – como representar o salivar e a voracidade da degustação? Com base no "banquete de guloseimas", como destaca Catalunha, o grupo pôde fisicalizar, ao menos uma vez, um dos vícios. Mas seriam vícios ou pecados?

Pecado: transgressão consciente e voluntária da lei divina. Falta contra quaisquer regras e normas da Igreja. Pecado original: pecado herdado que deu origem a todos os outros pecados. Baseia-se na doutrina de São Paulo, segundo a qual, quando Adão desobedeceu a Deus, a humanidade inteira caiu com ele. Vício: defeito que torna algo ou alguém inadequado a determinado fim; imperfeição, deformidade. Tendência para determinado hábito prejudicial. Vício da gula: beber, comer, fumar, roer sem medida, descontroladamente. A visão psicanalítica o associa à disfunção da fase anal. (Ismália Ferraz)

A diferença de terminologia implica, também, as várias leituras das gravuras ao longo do tempo. Dados históricos nos indicam que, na Idade Média, os vícios capitais eram concebidos como antíteses das sete virtudes. Brueghel está preocupado em descrever vícios. A denominação *Sete Vícios Capitais* sublinha os maus hábitos não como atos isolados transgressores de leis morais. Os vícios são retratados pelo artista como parte da existência dos seres humanos. A partir de suas gravuras, podemos perceber que os vícios fazem parte da humanidade e não são apenas desvios da alma de um indivíduo.

Nas gravuras, ressalta Koudela, os monstros e ações diabólicas parecem entidades surrealistas. Brueghel não reproduz o inferno cristão. Os seres com características demoníacas são alegorias que indicam que os vícios são como os instintos e, por isso, não é possível erradicá-los da vida humana: "os vícios são cenas da ruína dos homens ainda em vida. O vício leva à decadência física e espiritual. Aderir ao vício equivale a tornar-se vítima. A vida viciada é em si mesma infernal"[29].

Nas obras de Brueghel, a estilização do grotesco conduz ao cômico e, ao mesmo tempo, paralisa a recepção do espectador. Segundo Koudela, é impossível ao observador da obra rir ou chorar impunemente: "este perpétuo movimento de inversão das expectativas provoca a contradição". E é essa contradição permanente nas gravuras que instaura a estranheza no leitor.

Há, frequentemente, nas gravuras de Brueghel a transformação do homem em animal e vice-versa. Muitos deles são composições horrendas, impossibilidades anatômicas combinando elementos humanos e animais – aves, peixes e répteis.[30]

A bestialidade da natureza humana e a humanidade dos animais provocam um estranhamento frente às cenas.

FIGURA 8: *Pieter Brueghel, o Velho, detalhe de* A Soberba (*1557*).

29 I.D. Koudela, A Cidade Como Alegoria, *O Percevejo*, v. 1, fasc. 2, p. 7.
30 Ibidem.

INVIDIA HORRENDVM MONSTRVM, SÆVISSIMA PESTIS·

FIGURA 9: *Pieter Brueghel, o Velho, A Inveja (1557). "Inveja, é um monstro que devora a si mesmo e implacável tormento."*

INVIDIA
Invidia horrendum monstrum, solvissima pestis.

aos pés da figura feminina um peru atrás dela dois porcos brigam por um osso um demônio suspende uma coroa sobre sua cabeça à direita do interior imundo de uma árvore sagrada espia um monstro carregando um fuso as folhas que crescem na árvore parecem penas de pavão à esquerda um monstro com grandes chifres e asas assedia uma mulher nua com uma maçã à direita há uma sapataria de quinhentos anos o comerciante com rosto escondido calça um sapato pequeno demais nos grandes pés de um freguês que está sendo preso por um monstro outros fregueses aguardam para pegar o melhor calçado acima de um porta-moedas quebrado as pernas de um gigante se debatem no ar uma das pernas que parece perfurada por uma flecha está calçada com uma grande bota com esporas a outra que parece ter apenas meias está presa por um laço um arqueiro transpassa a sua arma através do buraco de um porta-moedas à frente à esquerda uma velha mulher triste que não está dentro de um sapato mas talvez de um cesto vende sapatos há um sapato sobre a sua cabeça nenhum freguês aparece ainda mais para a esquerda um monstro com cabeça de dragão asas e patas da frente parece prestes a devorar um sapato uma flecha atravessa suas narinas mais atrás um demônio contorcido examina o seu ânus um barco navega no rio parece carregar um fardo com estranhas monstruosidades um macaco alado evacua no rio o rosto agonizante de um homem parece moldado na proa de um barco no qual há uma bandeja guardanapos e uma maçã parece haver pássaros em um galho desfolhado e um pássaro que parece estar sobre um joelho do qual não se veem os membros talvez este homem tenha devorado a si mesmo uma criatura nua arrastando-se no chão segura seu coração nas mãos e dele come gosta dele porque é amargo e porque é seu coração um demônio fantasmagórico ergue a mão em cumprimento outro barco mais adiante parece estar à deriva derrubando seus passageiros nas águas do outro lado da ponte passa uma procissão funerária com monges cobertos que parecem se dirigir à capela cujos sinos estão batendo perto do final da ponte aparece o rosto de uma casa com uma boca do inferno na qual se avistam multidões de homens que estão sendo vigiadas por um demônio semelhante a um pássaro ou a um crocodilo um demônio com um longo rabo parece carregar uma mulher nua pela escada até a boca do inferno de onde sai fumaça que parece passar pelo lábio superior em direção aos olhos este estranho inferno parece ter uma capela no seu interior no lado oposto da ponte há um forte que dá para a água mais distante uma torre em construção mais distante ainda uma igreja em chamas e também à direita à mesma distância há mais uma torre em chamas à esquerda em cima uma figura que parece um espantalho sobre uma estaca uma chaminé invertida sobre sua cabeça seu focinho parece uma garrafa ou frasco do qual talvez saia um poleiro para um casal de pássaros seu corpo parece uma colmeia

A Inveja (*Invidia*) foi a quinta gravura a ser lida. Repetiram-se, nessa leitura, os procedimentos anteriores, enfatizando-se a leitura histórico-alegórica. Para tanto, o inventário da gravura ficou circunscrito ao levantamento dos objetos que se repetem na gravura e às suas significações históricas. A seguinte questão norteou essa leitura: quais são os objetos que se repetem na gravura?

Diante dessa indagação, o grupo percebeu que o sapato era um elemento que se repetia por toda a obra, em diversas representações. Esse elemento intrigou o grupo. Por que o sapato na gravura da Inveja?

Catalunha, em seu protocolo, descreve as descobertas do grupo:

Partimos para uma análise mais profunda dos significados, em um dicionário de símbolos dos elementos presentes na obra, o sapato nos chamou a atenção. Ao ler a imagem percebemos diversas cenas com o sapato. Algumas pessoas calçavam e outras guardavam para calçá-los. Notamos também que havia uma sapataria. Foi então que descobrimos o sapato como representação da posse, de diferenciação social. No dicionário de símbolos o sapato aparece como símbolo do direito de propriedade, neste caso, posse de terra. (Robson Catalunha)

Os atuantes perceberam, então, que os sapatos eram elementos complementares da Senhora Inveja. Nessa gravura, assim como nas outras, os objetos, os elementais, as figuras humanas e as construções arquitetônicas, além de comporem o universo de um determinado vício com suas múltiplas variações, carregam consigo uma série de informações históricas. Essas informações nos remetem aos mitos, às figuras lendárias e ao imaginário popular da Idade Média. Cada detalhe, na verdade, é um arquétipo que está interligado à evolução social humana. Animais que têm correspondência com as virtudes ou com os vícios dos homens levaram-nos a estabelecer relações entre o humano e o reino animal. Temos, assim, paisagens terrificantes e construções arquitetônicas que assumem aparências humanas e conduzem-nos ao mundo fantástico dos homens dessa época. Destaca-se que os elementais nos encaminham à forma tosca, inacabada, do homem rude medieval. O leitor da obra está diante de uma série de recortes da sociedade, que foram colados estrategicamente no espaço com o objetivo de chamar a atenção para a multiplicidade de fatos que se justapõem e compõem a vida humana.

Corporificar o gesto e o movimento da Sra. Inveja foi de grande dificuldade. Ainda persistia um problema: como construir o gesto da inveja? Ele era sutil, às vezes, parecia-se com o mesmo olhar da gula. O desejo da Inveja parecia ser mais terrível, ela não queria só algo para si, ela também queria destruir quem possui o que ela queria. Só pensar no desejo de ter algo não era suficiente. Ela ficou vazia. A leitura não ficava clara para a plateia. Era preciso encontrar o gesto da Sra. Inveja. Quando a Ingrid e o Joaquim pediram para eu simplesmente copiar a figura do quadro, isso me aliviou por demais. Percebi que estava mais preocupada com o que ela estava sentindo do que com a representação desse sentimento. Quando me foi dada a instrução para que eu simplesmente espelhasse as atitudes que estavam na imagem e dirigisse meu olhar para alguém da plateia, tudo mudou. Surgiu a Sra. Inveja! (Vanessa Soares)

Brueghel é assim: fala direto com quem vê. Como disse Brecht: "a elegância de um movimento e a graça de uma determinada disposição coreográfica são, já em si, efeitos de distanciamento, e a invenção pantomímica é um precioso auxiliar da fábula" (*Pequeno Organon*). Foi revelador o olhar da senhora Inveja. Pensando em máscaras, linguagem a ser explorada na montagem, obtemos elaborados *gestus* e movimentos. Uma coreografia, uma atitude capaz de exteriorizar a intenção proposta pelo ator/personagem. A máscara sintetiza o homem, a relação do ator com a máscara é uma metamorfose. A Vanessa fez isso só com o corpo. (Eliane Ribeiro)

Na sequência, temos outra gravura de Brueghel e o texto descritivo de Koudela:

FIGURA 10: *Pieter Brueghel, o Velho,* A Ira *(1557). "A face fica inchada de ira e as veias crescem negras de sangue."*

IRA
Ora tument ira nigrescunt sanguine venae.

armada com uma espada em uma das mãos uma tocha na outra e uma flecha fincada no cérebro a figura feminina parece sair apressada de sua tenda de guerra seguida por uma tropa de choque de monstros seu animal de estimação um urso raivoso ataca a perna de uma vítima humana caída e machucada soldados gêmeos sem rosto bramem uma faca gigantesca que perpassa várias vítimas nuas aterrorizadas outra vítima à esquerda parece defender-se desesperada esperando o golpe do taco cravado que está sendo bramido por um monstro com uma boca enorme uma vítima humana amarrada parece estar sendo assada sobre um fogareiro dentro de uma árvore sagrada seu carrasco com focinho de lobo açoita a vítima que parece girar no espeto na tenda de guerra um casal parece estar sendo cozido na panela e no fundo à esquerda uma cidade com torres está em chamas uma mulher feia e gigantesca com uma faca nos dentes o braço direito em uma tipoia o esquerdo segurando um frasco o chapéu com um galho seco como ornamento está agachada sobre um barril dentro do qual parece haver bandidos perigosos seus punhais são agitados em uma batalha de vida ou morte um arauto sopra uma longa trombeta de alarme a árvore sagrada atrás do gigante parece ter um ninho de galhos secos nos quais parece haver um ovo um homem badala o sino e um peixe está pendurado pelas guelras na casa na árvore mais à esquerda

A sexta leitura coube à gravura da Ira. Em continuidade ao processo anterior, a leitura dessa imagem se deteve no levantamento dos dados históricos dos objetos que, além da alegoria feminina da Senhora Ira, representam também o vício. Nesse sentido, durante o processo de descrição, as inúmeras representações de facas chamaram a atenção dos atuantes pelas suas dimensões e variações de modelos. Durante a leitura, duas questões foram fundamentais para a etapa posterior, que consistiu na construção de *tableaux vivants*: a imagem de Brüeghel pode ser recortada? Se pudéssemos ouvir as figuras representadas na imagem, que som seria?

O conceito de *tableau vivant* propõe a desdramatização, a não representação em cena, um estado a ser visualizado, uma ação constante e ininterrupta. O caminho não é um teatro dramático e sim buscar a configuração e um gesto que remeta a uma ideia, uma descrição cuidadosa da fisicalização de cada vício. (Edilaine Farias)

Pra mim a gravura da Ira é a mais linda plasticamente. As figuras parecem que vão a qualquer momento saltar da tela. A imagem grita! Ouço urros, gritos de socorro! A expressão maior é de força. Representar a Ira exige dos corpos dos atores muito tônus. A faca está representada de maneira enfática. (Rodrigo Cintra)

A leitura histórico-alegórica conduziu o grupo à investigação do significado da faca e à relação com o vício da ira. Os atuantes constataram que esse objeto, na sua evolução simbólica, nem sempre esteve associado à ideia de execução judiciária, mas também de morte, vingança e sacrifício. Nessa leitura, acentua-se a vocação alegórica de Brueghel. Para representar a ira, ele redimensiona os objetos e as figuras no espaço. No centro, há uma figura imensa que se sobrepõe à alegoria da Senhora Ira. Todos estão na eminência de serem banidos da imagem, ou por facas que parecem que vão atravessar a gravura e todos que estão à sua frente, ou por objetos e figuras gigantes. As soluções plásticas encontradas por Brueghel, nessa gravura e em outras, instalam o que nós poderíamos chamar de além-trama. O espectador se vê diante de diversos jogos de miradas, que revelam haver dois caminhos: um referente ao olhar que observa a gravura e descobre as suas tramas imagéticas; e outro voltado para as entranhas do trabalho, que se abre para além do visível. As obras de Brueghel requerem do observador todas as suas percepções sensoriais.

A leitura da imagem pelo espectador: [...] a proximidade evidencia algumas figuras e escondem outras. A distância nos cobra todas as atenções. É o corpo todo funcionando, mente e sensações juntas. A imagem estabelece ação e reação. Tudo precisa ser significado. Nada é de graça. É preciso dispor as sucessões de quadros ao exame dos nossos olhos. (Edilaine Farias)

Após a leitura descritiva envolvendo os procedimentos de decifração da imagem e o texto de Koudela, os atuantes foram instruídos a escolherem uma das cenas da gravura. Em seguida, deveriam espelhar a cena escolhida, representada na imagem. Na verdade, tratava-se de um fragmento do quadro. Após a construção corporal da cena, o grupo deveria buscar sons, preferencialmente em forma de blablação que pudessem ser relacionados com as ações das personagens da imagem. Por último, com base numa instrução, a imagem congelada deveria se movimentar e, ao mesmo tempo, produzir os sons. Em pouco tempo, tivemos vários fragmentos da gravura em ação. Eram *tableaux vivants* que saltavam da imagem e ganhavam vida no palco.

Surgem aí as pistas para a transposição do trabalho realizado no palco até aquele momento.

De acordo com a imagem, tínhamos que fazer os movimentos rítmicos das figuras, ora éramos rápidos, ora lentos, ficou ótimo o contraste, parecíamos bonecos que foram animados (sabe aqueles bonecos que damos corda e eles saem andando?). Apesar de estarmos nos passos iniciais da montagem, podemos dizer que já entramos na fase de construção das cenas. É preciso ainda muitas coisas, devemos saber como montaremos a imagem, o que vamos selecionar ou se vamos representar todas as figuras, todas as ações. Talvez seja preciso encontrar o que é mais significativo na imagem. (Marcelo Plácido)

O gesto foi ganhando um ritmo acelerado, ocorreu uma transformação que deu uma maior veracidade para aquela loucura toda. A ação se tornou frenética, compulsiva e a cena ganhou uma outra amplitude. Aos poucos o ritmo foi desacelerando, até ficar numa lentidão exagerada e mais grotesco ficou. (Eliane Ribeiro)

A última sessão de leitura de imagem foi reservada à Soberba (*Svperbia*). Após seis encontros, cada um deles com duração média de três horas de efetivo trabalho, cada dia voltado para um vício, chegamos ao sétimo encontro. A leitura da Soberba foi norteada pelas seguintes questões: o que essa imagem tem de peculiar e de semelhante com as outras gravuras? A palavra escrita abaixo da Senhora Soberba cumpre qual papel nessa gravura e nas outras?

FIGURA 11: *Pieter Brueghel, o Velho,* A Soberba *(1557). "O soberbo não ama os deuses, nem por eles é amado."*

SVPERBIA
Nemo svperbvs amat superos. nec amatvr ab illis.

uma dama real vestida ricamente com roupas da corte olha para o mundo com o nariz empinado enquanto admira sua imagem no espelho ao seu lado um pavão ostentando as penas da cauda o espelho de adoração da mulher tem eco num monstro aristocrata com cabeça patas da frente e rabo de peixe com penas de pavão que admira a si mesmo em um espelho suspenso por uma criada freira o cadeado que atravessa seus lábios indica silêncio forçado e o gesto da freira aponta para os fanfarrões de grandes bocas que ensurdecem um ser humano trajando um capuz semelhante ao dos bobos da corte uma ave horrenda se contorce para melhor admirar o seu ânus em um espelho uma flecha penetra profundamente as suas costas seres humanos com figurinos de pastores ou freires escoltam uma menina nua aterrorizada um demônio com asas carrega um escudo no qual há uma inscrição com um símbolo talvez de uma tesoura na casa de beleza de quinhentos anos uma mulher é ensaboada por um demônio com cara de lobo que equilibra um vaso na cabeça um barbeiro derrama lodo no cabelo do freguês acima da porta um homem nu agachado evacuando numa panela que escorre sobre uma peça musical no telhado perto dali há um bandolim pendurado instrumentos e música serviam para divertir os fregueses que esperavam pela sua vez nas barbearias daquele tempo o telhado exibe a licença do barbeiro para cortar cabelo e praticar cirurgia um morteiro e um pilão mostram que o barbeiro também prescreve drogas estruturas estranhas com rostos humanoides estão espalhadas no fundo no centro no alto há uma estrutura estranha parecendo um navio repleto de vítimas nuas vigiadas por um demônio com um elmo cravejado que cobre sua cabeça uma árvore cresce nesse arco em seu topo vemos um ovo quebrado dentro do qual seres humanos estão amontoados abaixo da árvore há uma boca do inferno que parece talvez feita de asas e homens nus se agacham para nela entrar logo à esquerda uma árvore parece crescer através de outra estrutura ornada decorada com espelhos fumaça sai de buracos no teto abaixo há um regato em seus barrancos dois homens parecem estar sentados um deles cai para trás um monstro semelhante a um urso está montado em um cavalo e seu parceiro nu está montado atrás no fundo da corrente portas de ferro estão sendo erguidas no portão do castelo encimado por um chapéu uma multidão de pecadores nus parece prosseguir com dificuldade sendo coberta pelas águas o chapéu no topo está inclinado pássaros espiam através da abertura uma casca de ovo quebrada está inflamada e solta fumaça parece haver uma igreja em torno dessa fortaleza com uma boca de forno em forma de grinalda um monstro está devorando uma vítima nua seu chapéu quádruplo parece feito de um amontoado de colmeias um mastro se projeta amarrado através de cordas no solo duas figuras caem de cabeça para baixo no lago à direita elas parecem sapos um deles cai da altura dos penhascos atrás do lago nas rochas figuras estão reunidas no escuro talvez esperando para atravessar a água ou talvez para mergulhar

•

Cada vez mais percebo que as gravuras estão cheias de alegorias. Embaixo de cada Senhora tem uma palavra, transformando a imagem num emblema do vício. Se recortarmos só esse pedaço, teremos a síntese do vício. Acredito que as Senhoras que representam os vícios são o centro nevrálgico das gravuras. (Edilaine Faria)

Catalunha destaca em seu protocolo que, ao observar a última imagem, o grupo refletiu sobre as alegorias presentes na gravura e, mais uma vez, recorreu ao dicionário de símbolos para interpretar elementos identificados ali.

A palavra escrita abaixo de cada alegoria chamou a atenção dos atuantes. Na análise dos leitores, essa palavra assume o caráter de legenda com o mesmo propósito didático da frase em latim abaixo de cada gravura. A intenção didática de Brueghel fica reforçada nessas nomeações.

Talvez ele, o Velho, não quisesse ensinar nada, talvez o que ele queria era apenas falar o que via, mas que as palavras jamais dariam conta, e um texto jamais conseguiria dizer o que transpassava e cortava sua cabeça feito um punhal, uma sensação de descobrimento das coisas, como no mito da caverna de Platão, em que não adianta falar porque ninguém iria ouvir, então, ele deu vida a esses seres, ele gravou na superfície do metal, agora corroído por suas ideias, formas, deixando para o mundo, silenciosamente, para que cada ser pudesse fruir como quisesse, no contexto de sua cultura, de seus medos e questionamentos. (Ivanise Carlo)

Nesse protocolo, o sentido histórico e artístico das gravuras foi destacado por Ivanise Carlo. Algo fundamental para o exercício da compreensão da linguagem gestual, do estranhamento e para esclarecer que as gravuras se configuravam como modelo de ação às discussões acerca do caráter do vício no mundo e da condução do trabalho de montagem teatral.

Outro ponto de destaque na leitura foram os espelhos. Ele está nas mãos da Senhora Soberba, junto às figuras elementais e ornando algumas construções.

Segundo o dicionário de símbolos o espelho reflete a verdade, a sinceridade, conteúdo do coração e da consciência. [...] Embora sua significação profunda seja outra, o espelho é do mesmo modo relacionado, na tradição nipônica, com a revelação da verdade e não menos com a pureza. Associamos tal significação ao vício em questão: soberba. O soberbo tem como preocupação fundamental sua imagem, nesse sentido, a aparência e a essência nem sempre estão relacionadas, podendo o indivíduo aparentar ser aquilo que não é. (Robson Catalunha)

Os leitores, a essa altura do trabalho, já estavam impregnados dos efeitos visuais das gravuras, mas nem por isso a leitura da Soberba tornou-se menos intensa. Aliás, essa é outra característica das obras de Brueghel: sempre há algo a se descobrir. Olha-se, olha-se mais uma vez e a sensação é de que ainda não se viu tudo. A ausência de uma perspectiva linear, como já foi ressaltada, os jogos de sobreposições e a riqueza de detalhes em cada figura conduzem o espectador ao trabalho incansável de descobertas. A ação projetiva do espectador sobre a imagem está centralizada nessas descobertas; a do artista, na capacidade de criar uma dinâmica que exige um olhar em constante movimento. Cada vez que se detém em um detalhe, este acaba por conduzir o leitor a outro elemento e assim por diante. Os fragmentos não estão soltos no espaço da obra. Eles constituem a unidade mínima do tema representado, estão interligados, criando uma unidade. As imagens de Brueghel podem ser relacionadas às imagens dialéticas de Walter Benjamin, uma vez que, segundo ele, as imagens dialéticas são obras que trazem a marca do tempo em que nasceram e são capazes também de ensinar algo no tempo em que são reveladas. Isto é, são imagens históricas que possibilitam ao seu leitor compreender o presente, com vistas ao passado e com uma forte projeção para o futuro. Para Benjamin, o verdadeiro lugar de atuação do intelectual é no espaço imagético.

Hoje, as gravuras de Brueghel levam a uma dupla apreensão da temporalidade: um retorno ao contexto histórico da obra e uma contextualização atemporal dos vícios e virtudes, em que os embates humanos ainda se fazem presentes. Como alegorista, ele possui a potência de um discóbolo, com capacidade de arremessar o espectador para além da imagem, utilizando-se, para isso, da mescla de linguagens, materiais e técnicas. As obras do artista são citações históricas, formalizadas por meio da apropriação, da duplicação e da justaposição de imagens. A sua poética avança em direção ao espectador e invade seu espaço de percepção. As obras de Brueghel rompem com suas superfícies e engendram discursos imagéticos.

3. A Encenação Como Prática Pedagógica

processos didáticos e estéticos aplicados à encenação

Construímos uma nova relação de trabalho.
Trata-se de um conjunto de ações.
Que começa num jogo… Numa brincadeira…
E aos poucos temos em cena uma explosão.
Um grande gozo! A pedagogia do jogo,
dando sentido à Pedagogia do Teatro.

ELIANE RIBEIRO

A encenação como prática pedagógica implica a concepção de que no próprio desenvolvimento da montagem teatral encontra-se o campo de investigação prática e teórica. Nesse sentido, os processos de aprendizagens artísticas estão voltados aos procedimentos didáticos utilizados no desenvolvimento do trabalho cênico, nas opções estéticas e nos levantamentos bibliográficos que definem o arcabouço teórico da encenação. Nesse trabalho, a formação de professores de teatro e a formação artística são indissociáveis. Assim sendo, essa maneira de encaminhar o processo de ensino e aprendizagem teatrais ganha destaque em práticas pedagógicas fundadas em princípios que envolvem a pedagogia do teatro.

No Brasil, o termo "pedagogia do teatro" passa a ser empregado por Koudela atrelado às suas análises sobre o caráter da peça didática. A pesquisadora afirma que, por se tratar de um teatro que recorre diretamente a procedimentos didático-pedagógicos, a peça didática desempenha um papel importante no processo de democratização da arte. Na sua visão, trata-se de uma proposta de educação alternativa e possibilita inúmeros desdobramentos teóricos que contribuem para o esclarecimento de questões ligadas a uma pedagogia do teatro[1].

Nesse sentido, o termo busca incorporar as novas dimensões da pesquisa que vem sendo realizada na área do teatro e da educação, com vistas a não romper com essas duas áreas[2]. Ao contrário, trata-se de compreender que é parte inseparável do teatro a ação pedagógica que abrange desde a organização das propostas estéticas de uma encenação até o encaminhamento delas junto aos atuantes. Nessa direção, inscreve-se em uma visão mais ampla; ela não está limitada às condicionantes de conceitos estritos à pedagogia e à didática. Suas propostas buscam sedimentar a epistemologia do conhecimento no próprio teatro e nos seus modos de produção e recepção artística.

O termo "pedagogia do teatro" é utilizado em diferentes contextos. Para exemplificar, destacamos Eugenio Barba em *A Arte Secreta do Ator*. Ele também faz parte de referências relacionadas ao contexto alemão, a *Theaterpädagogik,* cuja denominação confere ao campo teórico-prático do teatro imbricações com a pedagogia e a educação[3].

Na formação de professores de teatro, o termo tem trazido formulações curriculares que abrangem a formação artística e docente de profissionais que irão atuar em diversas áreas da cultura, da arte e da educação, sem criar uma cisão entre o teatro e a pedagogia que envolve o fazer dessa linguagem. Especificamente em cursos universitários, voltados à formação do professor de teatro, contexto no qual o projeto aqui relatado

1 Cf. *Brecht: Um Jogo de Aprendizagem*, p.xxi-xxv.

2 É preciso salientar que, nos anos de 1970, o termo teatro/educação passou a ser utilizado como sinônimo de práticas teatrais realizadas nas escolas brasileiras de educação básica. No século xxi, entretanto, não faz mais sentido tal denominação, uma vez que o teatro na escola vem, cada vez mais, estreitando as suas relações com o teatro de grupo, com propostas artísticas experimentais e com atividades ligadas à ação cultural. O binômio teatro/educação acabou por reforçar a ideia de uma educação por intermédio da arte, deixando em segundo plano o ensino e a aprendizagem da linguagem teatral. As propostas lançadas nos documentos governamentais, como os Parâmetros Curriculares Nacionais (1999), após longa luta política de artistas e educadores, passou a enfatizar a ideia de teatro como área de conhecimento.

3 Em geral, as publicações alemãs dedicadas à pedagogia do teatro, com a *Zeitschrift für Theaterpädagogik*, apresentam uma multiplicidade de métodos, formulações teóricas e históricas, apontando para o seu caráter interdisciplinar.

foi desenvolvido, as propostas ligadas aos novos paradigmas da pedagogia do teatro vêm oportunizando a construção de propostas artísticas e pedagógicas de valor significativo tanto para o teatro como para a educação. Assim, a encenação *Chamas na Penugem*, além de se configurar como um *produto* artístico, que pretende estabelecer diálogos com propostas teatrais contemporâneas, foi também um trabalho que focalizou a formação de professores de teatro em nível universitário. Nesse âmbito, defendeu-se a ideia da formação do artista-docente.

Em consonância com os estudos de Isabel Marques, podemos afirmar que o artista-docente é aquele que, além de voltar os seus objetivos para a formação dos seus alunos, também está atento à própria formação, tanto artística como docente. Ele não só sabe ensinar arte como também sabe produzi-la.

Torna-se significativo que o artista-docente não se esqueça de incorporar à organização do seu trabalho pedagógico em teatro princípios que também são elementos constituintes da produção artística: criação, invenção, experimentação etc. Isso significa pensar não em transmissão de conteúdos artísticos, mas em proposições capazes de gerar outras criações artísticas, outros olhares sobre a arte. Estabelece-se, dessa maneira, uma rede de conhecimentos na área do teatro, amparada pela habilidade de perceber, conceber e produzir arte. Sabe-se que a rede de conhecimentos artísticos extrapola para outras áreas do conhecimento humano, visto que o teatro é transdisciplinar pela sua própria natureza.

O artista-docente pode organizar suas proposições em oficinas de trabalho, transformando a sala de aula em ateliês de criação, em espaços de discussão e de fruição estética. Ele deve pensar em propostas que objetivem compreender o processo de aprendizagem artística a partir da relação dialógica entre aluno-professor-obra de arte.

As propostas teatrais encaminhadas por Ingrid Koudela têm efetivado esse trabalho, valendo-se da concepção de encenação como prática pedagógica. Essa ideia compreende que o próprio processo de construção de um espetáculo traz caminhos para a aprendizagem artística e a sua práxis, seja em escolas, espaços culturais ou projetos de ação cultural. Assim sendo, não se trata de pensar primeiro numa formação teórica e, posteriormente, na prática artística do aluno universitário, para que possa atuar como artista e/ou docente. Ao contrário, a busca é pela não dissociação entre teoria e prática, compreendendo-as como partes constituintes da aprendizagem e do ensino do teatro.

"CHAMAS NA PENUGEM": ENCENAÇÃO COMO PRÁTICA PEDAGÓGICA

Deve-se ressaltar que registros teóricos relacionados ao teatro indicam que, no século XIX, há indícios importantes que serão determinantes para o surgimento do conceito de encenação e, por conseguinte, da figura do encenador. Propostas como as de Wagner, fundamentadas na cooperação entre as artes e que traz consigo as ideias que frutificarão mais tarde na obra de Adolphe Appia, e de André Antoine, demonstram preocupações com as transformações da estética teatral. Jean-Jacques Roubine, em *A Linguagem da Encenação Teatral*, afirma que se convencionou considerar Antoine o primeiro encenador, no sentido moderno atribuído à palavra. Tal afirmação justifica-se pelo fato de que o nome de Antoine constituiu a primeira assinatura que a história do espetáculo teatral registrou. Some-se a isso a busca de Antoine no sentido de sistematizar concepções e teorias acerca da arte da encenação. Contudo, foi no século XX que o termo ganhou destaque e o papel do encenador passou a ser fundamental para as rupturas almejadas pelo teatro moderno. Assim, o papel do encenador passou a ser percebido como o de um profissional ligado à prática teatral, que engloba princípios teóricos e elementos do espetáculo, interligados com o espaço da cena, com o texto, com o espectador e com o ator.

No teatro moderno, as experiências teatrais tiveram suas inquietações voltadas ao questionamento do espetáculo em palco italiano. Essas inquietações eram transformadas em proposições artísticas que buscavam modificar o espaço interno dos teatros construídos conforme a convenção do palco italiano, ou descaracterizar a prática teatral tradicional de modo a romper com um ou mais elementos do espetáculo. Na verdade, as preocupações dos encenadores modernos estavam direcionadas às novas relações entre o palco e a plateia.

Nas primeiras décadas do século xx, Antonin Artaud já aspirava escapar das limitações do palco à italiana e sonhava em abolir o caráter fixo da relação entre o espectador e o espetáculo, tornando-a mais múltipla e fluída. Brecht, sem romper totalmente com a frontalidade do palco à italiana, enfatizará o isolamento das partes que compõem a encenação que ele buscava disponibilizar ao público de forma independente, rompendo com a ideia da quarta parede. Para ele, não se tratava de negar a arquitetura teatral à italiana, mas fazê-la trabalhar no sentido contrário, isto é, eliminar as propostas que tinham apenas o objetivo de alucinar ou cegar o público. Brecht dizia que o palco e os atores deveriam deixar de fazer uso da sugestão. Com esse tipo de teatro sugestivo, o público entra em transe e, ao final da apresentação, se a peça for bem-sucedida, constata-se que ninguém aprendeu nada. Para ele, no melhor dos casos, o público guardou lembranças, ou seja, apenas sentiu. Segundo suas propostas, o teatro tem a tarefa de levar o espectador a não perder sua capacidade de julgamento e a plenitude das suas faculdades intelectuais.

Como é possível perceber, as questões que tornaram imprescindíveis a figura do encenador num processo de montagem teatral estão atreladas à necessidade de alterar a relação do público com o teatro. A revolução do teatro moderno está centrada na recepção da obra teatral, isto é, no espectador, o alvo das propostas cênicas modernas. O trabalho do encenador, nessa perspectiva, passou a conjuminar diálogos profícuos com artistas de outras áreas, como música, dança, artes visuais e arquitetura. As miscigenações das linguagens artísticas no palco permitiram ao teatro moderno passar de um palco estático, apoiado na interpretação dos atores e num texto, para um palco cinético.

Para o cenógrafo inglês Edward Gordon Craig, o palco cinético inaugura um novo espaço de representação: o quinto palco. Segundo ele, os quatro anteriores são: anfiteatro grego, o espaço medieval, os tablados da *Commedia dell'Arte* e o palco italiano.

Brecht propõe o termo "arquiteto cênico" para definir o papel artístico do encenador, afirmando que o palco não deve ser imutável aos olhos dele. O verdadeiro encenador, segundo Brecht, cumprirá sua condição de arquiteto cênico se souber construir novos paradigmas à utilização habitual do palco.

Provavelmente, o termo foi cunhado a partir do seu contato com Erwin Piscator, que, por sua vez, realizou vários projetos de cenografia com base em plantas desenhadas pelo arquiteto Walter Gropius.

Não podemos deixar de destacar, mais uma vez, as radicalizações cênicas de Brecht para a peça didática. Assim, não só se extinguiria a divisão entre atores e espectadores, como ambos ocupariam o mesmo espaço. Todos seriam participantes de um ato artístico coletivo, abolindo a tradicional divisão entre palco e plateia.

A história das artes do palco registra a importância do trabalho do encenador no século xx. O teatro dessa época está diretamente relacionado ao aparecimento do encenador. Dentro desse cenário, a encenação deve descrever, de um lado, a apresentação teatral, como resultado relativamente exato de um processo de ensaio, e, de outro, a trajetória que vai do texto escrito (ou da eleição de um tema) até a construção planejada de uma representação cênica.

Ao se pensar na encenação como prática pedagógica, no âmbito da pedagogia do teatro, enfatizar-se-á não só esse caminho a ser percorrido pelo encenador, como também as decisões e as escolhas didáticas que definem a trajetória do trabalho e suas relações com o grupo de atuantes. Isso significa estar atento tanto à prática teatral como às discussões teóricas que alicerçam tal prática.

Na encenação *Chamas na Penugem*, o papel de Ingrid Koudela como encenadora foi consolidado por meio do trabalho colaborativo, envolvendo a participação dos alunos do Curso de Licenciatura em Teatro, da pesquisadora Tânia Boy, e do trabalho de docentes-artistas, como Jaime Pinheiro e Roberto Gill. O meu papel, além de pesquisador, também se desenvolveu como diretor de cena, compartilhando com Koudela a coordenação dos componentes curriculares Atuação e Montagem Teatral[4].

---

4   A encenação *Chamas na Penugem* teve seu processo de criação atrelado a tais componentes curriculares. Esses componentes faziam parte da matriz curricular do curso de Licenciatura em Teatro e a montagem era parte das proposições pedagógicas e artísticas do quinto semestre do curso, destinado à formação do professor de teatro. Em 2008, o curso integral era de seis semestres.

O componente Atuação visava conceituar e experimentar a atuação teatral, tomando-se por base a metodologia do jogo teatral. Durante as aulas, foram propostos exercícios cênicos que objetivavam a expressão do atuante em cena. As propostas buscavam investigar a relação entre o sujeito atuante e o objeto representado na construção cênica.

Já a proposta do componente Montagem Teatral era pautada em atividades que propunham aos alunos a experiência da encenação com vistas a objetivos pedagógicos e estéticos.

Em face desses dois componentes, as aulas assumiram o formato de oficinas de teatro e ofereciam aos alunos situações de representação, com base em um conjunto de conhecimentos teóricos e práticos, desenvolvidos durante os quatro semestres que antecederam a montagem teatral de *Chamas na Penugem*. Assim sendo, o quinto semestre do curso esteve focalizado nos processos de montagem do espetáculo; o sexto, à circulação da encenação em diversos espaços culturais, universitários e educacionais.

Como já foi mencionado, a montagem do espetáculo *Chamas na Penugem* envolveu encaminhamentos didáticos relacionados à leitura de imagem do conjunto de sete gravuras de Pieter Brueghel, o Velho, concebidas como modelo de ação, e sessões de jogos teatrais, compreendidos como habilidade de processo.

O TRABALHO COLABORATIVO E OS JOGOS TEATRAIS COMO HABILIDADES DE PROCESSO

> *O processo tem de implodir na pessoa, para que quando for atuar explodir, o corpo todo tem de sentir, dialogar com esse sentimento como algo visceral que transborda o ator em um mar de energia que leva o público.*
>
> ALEXANDRE VENTRIX

Os encaminhamentos didáticos envolvidos na montagem da encenação *Chamas na Penugem* tiveram como perspectiva a produção teatral contemporânea.

Tal perspectiva esteve alicerçada em processos de criação e prática teatral direcionada, especificamente, às encenações determinadas pelo trabalho coletivo, envolvendo idealizações da direção, o trabalho de dramaturgia e a participação direta dos atuantes no processo de criação do espetáculo. É por esse viés que o termo "ator", tradicionalmente empregado ao intérprete, foi substituído pelo termo "atuante". Isso se deveu, primeiramente, ao fato de que todo o trabalho não esteve pautado na ideia da interpretação de um texto, tampouco na formulação de personagens dramáticas. Outra justificativa está na ideia de que cada integrante do grupo foi envolvido no processo de construção da obra teatral, exigindo dele uma atitude participativa e criadora durante todo o processo de elaboração, criação e formalização da encenação. Assim, destaca-se a prática teatral desenvolvida por meio de metodologias que envolvem um processo colaborativo.

Um processo colaborativo consiste numa maneira de organizar a criação teatral tomando-se por base a autonomia de cada um dos elementos cênicos envolvidos numa encenação e também a inter-relação existente entre eles. Para o encenador Antônio Araújo, o processo colaborativo propõe uma ação criadora em que todos os integrantes, com base em funções artísticas específicas, possuem o mesmo espaço de proposição, não havendo hierarquias rígidas, e a produção da obra é fruto da autoria de todos os envolvidos no trabalho. Destarte, esse processo se constitui numa organização de múltiplas tarefas, e cada uma delas é assumida por um integrante do grupo. Os resultados do trabalho desenvolvido em cada uma dessas tarefas serão determinantes para a construção do texto espetacular. Ao mesmo tempo que o texto espetacular surge do processo colaborativo, sendo fruto do resultado do esforço artístico de vários atuantes, ele apresenta também as autorias individuais, o que imprime ao trabalho o sentido de pluralidade.

Assim sendo, Rosyane Trotta nos apresenta características singulares presentes num processo colaborativo que possibilitam elucidar os princípios que envolvem tal processo[5]. O primeiro deles se refere ao texto. Num processo colaborativo, o texto não existe antes do trabalho de construção da cena. Ele surge do próprio envolvimento dos atuantes com o trabalho e dos conteúdos que vão sendo trazidos à tona, oriundos de

5   Criação Coletiva e Processo Colaborativo, *Cavalo Louco*, n. 3, p. 33-37.

pesquisas teóricas e/ou de processos de jogos e improvisação teatral. Outro elemento relevante já mencionado é que os atores participam de toda a construção e criação do espetáculo. Destaca-se, aqui, a presença do dramaturgo no processo de criação; o seu trabalho está apoiado e atrelado às propostas cênicas da direção e dos materiais levantados pelos atuantes. Num processo colaborativo, outro aspecto importante é que o ponto zero para as experimentações e a criação da dramaturgia começa com o projeto apresentado pelo encenador. As escolhas ligadas à dramaturgia cabem ao autor e ao diretor, e está sob a responsabilidade de ambos a forma como se deve operar o processo de construção do trabalho cênico. Para finalizar, o grupo se organiza com base nas habilidades artísticas e nas afinidades de cada integrante com as atividades que surgem durante o trabalho de construção da encenação. Cabe ao encenador a definição de quem ocupará determinada função.

Assim sendo, no processo colaborativo de *Chamas na Penugem*, o texto dramático foi substituído pelo conjunto de sete gravuras – *Os Setes Vícios Capitais* – e a dramaturgia do espetáculo, a cargo de Koudela, foi estruturada juntamente com o trabalho de leitura de imagem. Mais à frente, aprofundaremos as discussões acerca da qualidade teatral do texto, mas de antemão podemos afirmar que, além do aporte dado ao processo de leitura de imagem, ele foi de fundamental importância no processo de criação das cenas, instaurando no grupo discussões sobre a dramaturgia do espetáculo e suas imbricações no teatro contemporâneo.

A recepção do texto gerou divergências de opinião entre os atuantes; o estranhamento partiu do fato de a descrição das gravuras, que, num primeiro momento, seria instaurada somente através da ação cênica em forma de *tableau vivant*, ser, agora, narrada em voz *off*, simultaneamente com a cena. Apesar de sabermos, desde o início, que nossa montagem deveria percorrer os caminhos do teatro contemporâneo, muitos dos atuantes não concordavam com a opção da direção em utilizar o texto da descrição de imagens como dramaturgia. (Robson Catalunha)

Como ressalta Catalunha, apesar das buscas em torno de um teatro contemporâneo, os atuantes refutavam a ideia de não ter um texto para falar, e discutiam a proposta de vê-lo transformado em uma narrativa descritiva. Toda essa celeuma trouxe a possibilidade de o grupo discutir a função da dramaturgia no teatro, entender quais rupturas o teatro contemporâneo efetivou na estrutura de um texto dramático e afinar, juntamente com a direção, quais seriam as propostas estéticas do espetáculo.

Outro trecho do protocolo de Catalunha elucida a trajetória prática e teórica do grupo:

A importância de perspectivar no teatro, em especial o dito pós-dramático, no qual estamos diretamente envolvidos, como uma arte ligada às várias formas de compreensão por parte do espectador, nos apresenta um infinito de possibilidades. Como afirmou Ingrid, contar uma história com começo, meio e fim é campo da teledramaturgia ou do teatro dramático, os quais, ao que nos parece, não nos interessa. (Robson Catalunha)

Nesse contexto, o grupo pode perceber melhor que um texto que não apresenta diálogos lógicos, encadeados, mas ações, promoveria um encontro mais polifônico entre a palavra narrada em *off* e o *tableau vivant*, tendo como base as imagens de Brueghel. Nesse processo, percebeu-se também que havia um caminho teatral para estender ao público o processo didático desenvolvido durante a leitura de imagem. Com essa opção, foi possível colocar em prática o conceito de se ter um público mais ativo, coprodutor de sentidos.

Tais discussões também aproximaram o grupo de teorias teatrais, como destaca Catalunha:

Percebemos as estreitas relações com Heiner Müller. Vimos que o texto tem como referência intertextual o texto "Fênix" de Müller (prólogo) e o "Anjo da História" de Benjamin, citado por Heiner Müller em "O Anjo Sem Sorte" (epílogo). A dramaturgia do *Chamas* pode ser lida em diálogo com "Descrição de Imagem", texto no qual Müller descreve uma paisagem vista além-túmulo [...]. Segundo Ruth Röhl, os critérios que abrangem os níveis de texto, montagem e recepção, radicalizando a desconstrução e o afastamento da dialética do diálogo, valorizam a coprodução do receptor da obra. (Robson Catalunha)

Com relação à organização dos atuantes para o trabalho de montagem do espetáculo, como prevê a prática do processo colaborativo, os 34 participantes do experimento foram divididos em sete grupos de trabalho, que, além de ficarem encarregados por uma das gravuras, receberam a incumbência de se responsabilizar por uma das áreas envolvidas na estruturação e criação da montagem: corpo; animação teatral; música e sonoplastia; produção (figurinos e cenário); texto espetacular; produção (programas e viabilizações orçamentárias); luz e documentação do trabalho. O último item foi assumido por mim, cuja tarefa se concentrou no recolhimento dos protocolos[6] de trabalho produzidos pelos atuantes. Essa atribuição também foi compartilhada com a pesquisadora Tânia Boy, que fez o registro fotográfico do processo. Tivemos nessa função mais dois atuantes, Robson Catalunha e Ramon Ayres, que documentaram o trabalho, dando origem a duas produções científicas de conclusão do curso de Licenciatura em Teatro[7].

Vale destacar que os protocolos foram de extrema importância para a discussão, avaliação e acompanhamento do trabalho em grupo. Por intermédio deles, os atuantes puderam discordar, expressar suas descobertas e levantar questões referentes à prática e à teoria teatral.

Robson Catalunha, no seu texto, escreve o seguinte:

Minutar o registro de um processo de montagem de um espetáculo pode dar-se de inúmeras formas; alguns grupos de teatro profissionais (Grupo XIX de Teatro, Ói Nóis Aqui Traveiz, Cia Livre e o Grupo Vertigem) chegam a publicar seus processos. [...] Em nosso processo, o protocolo ofereceu condições para que os indivíduos deixassem de ser meros títeres nas mãos do diretor, ou professor, para refletir e manifestar seus questionamentos e opiniões, contribuindo ativamente no processo. Assim, nos primeiros minutos dos encontros, às terças-feiras, a leitura dos protocolos era feita antes de qualquer atividade do dia. Eram reservados quinze minutos para a leitura aleatória, sem interrupção; após esse período, abria-se para a discussão, sendo que o enfoque cabia aos procedimentos instaurados no encontro da semana anterior. A leitura dos escritos no porvir trouxe à memória

---

6   O protocolo se apresenta como um campo propício à análise do processo. Isso se deve às suas características de registro e de reflexão. Ao longo desses anos, Koudela tem trabalhado com esse recurso e o analisa minuciosamente em *Brecht: Um Jogo de Aprendizagem* e *Texto e Jogo*.

7   *O Processo de Criação do Espetáculo "Chamas na Penugem"* e *A Instrução no Jogo Teatral no Processo de Criação da Montagem Chamas na Penugem*, respectivamente.

momentos ímpares e se configurou também em espaços significativos de aprendizagem teatral.[8]

Ainda no âmbito do processo colaborativo, pode-se destacar dois princípios defendidos por Viola Spolin e que trazem contribuições singulares quando se pensa nesse trabalho aplicado à pedagogia do teatro. O primeiro princípio é que todos podem atuar no palco. Trata-se de um princípio simples, mas altamente revolucionário, porquanto o que passa a figurar no processo de construção teatral é a disponibilidade de cada um para atuar, em vez do talento ou do chamado "dom para o teatro". O outro princípio refere-se à instrução que Spolin dá aos futuros coordenadores de grupo, afirmando que eles devem trabalhar no ponto em que se encontram os jogadores e não onde gostariam que eles estivessem. Isso ressalta a ideia de que o trabalho deve ser construído a partir da relação dos jogadores com as proposições que lhes são lançadas, o que tem relevância significativa em um processo colaborativo, pois é possível se efetivar o trabalho de cocriação e coautoria cênicas.

Uma característica da professora-encenadora-dramaturga Ingrid Koudela é a abertura para proposições do grupo. Todas as instâncias da criação são divididas por ela com o coletivo. *Apesar* de direcionar a pesquisa no âmbito da metodologia que desenvolve, Ingrid está sempre suscetível a novas sugestões e críticas. Essa sua postura na condução das atividades faz com que os atuantes sintam-se responsáveis e propositores do processo de criação. O humor, a humildade e a generosidade desta artista e pesquisadora fazem dela uma figura cativante, e torna o processo de criação prazeroso e produtivo. (Robson Catalunha)

O "apesar" identificado por Catalunha faz parte, na verdade, das atribuições do diretor de sistematização de jogos teatrais, assim como no processo colaborativo: propor, encaminhar e coordenar metodologias de trabalho. Há um engano frequente em achar que, num processo colaborativo, especialmente no âmbito da pedagogia do teatro, tudo deve emergir do grupo e o encenador é apenas aquele que recebe esse material e o organiza. Ao contrário, o encenador tem um papel importante na estruturação do trabalho e, como parte do grupo, deve também

8   R. Catalunha, *O Processo de Criação do Espetáculo "Chamas na Penugem"*, p. 12-13. Grifo nosso.

encaminhar proposições, fazer escolhas e selecionar o que é pertinente à proposta teatral. Num processo colaborativo, o foco não está nas relações de grupo, nas dinâmicas de convivência, mas no projeto de encenação.

De saída, no desenvolvimento do trabalho, o primeiro jogo realizado com o grupo foi o ponto zero: dois atuantes, sem que o restante do grupo soubesse, foram instruídos a se dirigirem para o palco e lá deveriam permanecer, sem manifestar nenhum tipo de emoção ou ação. Após algum tempo, eles foram submetidos à análise do restante do grupo, que ocupava o papel de plateia, e assim o jogo se repetiu com outros pares de atuantes. No final, Koudela, a coordenadora do jogo, discutiu com o grupo os inúmeros estados e ações que foram levantados pela plateia.

Logo surgiram muitas questões, tais como o que é natural? O que é ser neutro? Qual é o ponto zero? Será que existe? Entre outras. Não ficou muito claro uma resposta objetiva para todas essas questões, mas as discussões foram mais relevantes do que a própria resposta. Qualquer movimento que se realize num palco estará comunicando algo, mesmo que o corpo não esteja se movendo para os olhos do espectador. É preciso compreender que o corpo não é uma unidade estática, estável, mas um fluxo consistente de energia. O corpo é um conjunto de células que se multiplicam e outras que falecem ao mesmo tempo, é o estômago digerindo o restante do café da manhã, é uma constante em busca do equilíbrio. Por isso, considerar um ponto neutro, ou natural, é um pouco estranho se destacarmos a transitoriedade de informações ativas no corpo. Ou seja, o corpo já está comunicando por si só. (Luís Esparrachiari)

O protocolo de Esparrachiari traz duas discussões que permearam todo o processo de montagem. A primeira delas se relaciona com o corpo do jogador, suas condições físicas, estruturais e disponibilidade para a atuação. A segunda se refere às capacidades expressivas do corpo do atuante. Temos aí a dialética entre o corpo-significante e o corpo-significado. Essa discussão inicial do grupo foi fundamental para o trabalho sensório-corporal e para todas as construções cênicas que envolveram a criação dos *tableaux vivants*, a animação dos objetos, as máscaras em cena e o processo de marionetização dos corpos dos atuantes.

Para Peter Brook, em *A Porta Aberta*, o ator precisa estar sempre *esvaziado*, para que fique *aberto* e disponível para expressar uma imagem. Somente o vazio será capaz de levar o atuante à plenitude dos gestos. Diante de um corpo preenchido de dados da cultura de massa, esvaziá-lo deve ser a primeira tarefa de um ator para que possa, de fato, representar.

Todo processo de atuação na encenação *Chamas na Penugem* teve como ênfase o corpo. Sem um texto, como já foi citado, exigiu-se a intensificação do trabalho corporal, mais precisamente a construção estética do gesto. Encontrar novas formas de representação, que não fossem as atuações tradicionais pautadas na relação entre o texto dramático e o ator, trouxeram grandes desafios aos atuantes. Nesse sentido, os jogos teatrais tornaram-se o campo propício para se encontrar soluções inusitadas e criativas para os desafios que surgiam tanto no desenvolvimento da atuação como nas construções dos sete quadros que compuseram a encenação.

No sistema de jogos teatrais, proposto por Viola Spolin, tem-se como princípio estabelecer um campo lúdico de investigação e experimentação teatral, no qual o atuante é instruído a solucionar problemas que possam surgir durante o jogo ou no desenrolar da cena. Desde que o jogador respeite as regras que foram acordadas coletivamente, ele tem liberdade para propor e inventar as mais inusitadas soluções. Com base na aprendizagem de elementos como o foco (entendido como a atenção dirigida e concentrada dos atuantes para a realidade do palco como enquadramento da cena), a fisicalização (a ação de dar realidade aos objetos da cena, utilizando o próprio corpo), a solução de problemas (como desafio à busca de novas soluções para as cenas), a relação palco-plateia (a compreensão de que essa relação não é uma ameaça para os alunos-atuantes, mas uma forma significativa de compartilhar e construir o trabalho teatral), a avaliação (como forma de leitura, compreensão e aprimoramento dos elementos comunicáveis da cena e não como sentido de aprovação ou reprovação) e a estrutura dramática (*quem* – personagem; *onde* – local da ação; *o quê* – a ação, como base estrutural da cena), os atuantes foram capazes de se apropriar do fazer teatral e, consequentemente, compreender os processos envolvidos na organização cênica de um espetáculo.

Nos encaminhamentos da encenação *Chamas na Penugem*, as oficinas de jogos teatrais tiveram o objetivo de desenvolver habilidades de processo. As sessões de jogos, apoiadas nos fundamentos apresentados anteriormente, buscaram desenvolver habilidades necessárias à atuação. Nesse sentido, as sessões proporcionaram tanto o prazer do jogo como o desenvolvimento criador, necessários à estruturação da encenação. A encenadora lançava problemas teatrais, referentes à encenação, para que fossem investigados e solucionados pelos atuantes. Esses problemas abrangiam a representação de figuras alegóricas, a construção de elementais, o uso da linguagem cênica a ser adotada na encenação e a construção dos quadros de cena. Foi dessa forma que se efetivou o trabalho de parceria entre os atuantes e a encenadora. Ambos, com base numa série de jogos teatrais, tiveram a tarefa de investigar, experimentar e encontrar soluções criativas para a encenação. A direção surgia das próprias descobertas e das necessidades dos atuantes na elaboração da encenação.

Inicialmente, as oficinas de trabalho foram divididas em duas etapas, que ocorriam paralelamente. De fevereiro a abril de 2008, nos encontros às terças-feiras, tínhamos as oficinas de jogos teatrais e, às quartas-feiras, as sessões de leitura de imagem. Após esse período, passou-se a trabalhar especificamente nas construções dos quadros de cena.

Nas oficinas de jogos teatrais, as brincadeiras e jogos populares tradicionais foram de suma importância para a compreensão do sentido da regra e do trabalho coletivo dos participantes. Além de criar um campo lúdico, o jogo popular traz consigo desafios a serem assumidos pelo grupo, promovendo uma ação coletiva. Assim sendo, o jogador/atuante é levado a agir com espontaneidade, obtendo para cada jogo soluções divertidas e inusitadas. Os jogos populares criam um campo lúdico de atuação e, por meio de brincadeiras de faz de conta, o plano simbólico vem à tona. Num primeiro momento, as sessões de jogos populares visam desenvolver, nos atuantes, habilidades de processo na expressão gestual, na concentração e liberação da ludicidade. Alguns conceitos, como "material gestual" e "foco", foram introduzidos nessa etapa do trabalho.

Os jogos populares estabeleceram também uma relação direta dos atuantes com os conteúdos presentes nas obras de Brueghel. Em suas produções, a praça, as festas e as brincadeiras são partes significativas dos conteúdos das obras. Por elas, fica claro que Brueghel tinha especial interesse pela cultura popular.

Tomando como base a descrição de Jane Kastorsky dos jogos populares "Maria Quer um Canto" e "Lá Vai o Ganso", é possível avalizar o papel dos jogos tradicionais no processo de montagem:

O primeiro jogo foi "Maria Quer um Canto". Foi feito um quadrado no chão, com fita crepe, para delimitar o espaço do jogo, ficando seis jogadores em cada parte do quadrado. Um ficou no meio, escolheu um jogador do quadrado e disse: "Maria quer um canto". O jogador respondeu: "Procure um vizinho da porta ao lado". Nesse momento, todos se moveram de seus lugares, sem passar pelo meio e imediatamente aquele jogador que disse "Maria quer um canto", pegou um lugar. Sempre sobrava um jogador que passava a ocupar o centro do quadrado. Numa outra versão, a regra do jogo foi alterada e Ingrid propôs, no lugar dos "diálogos", a "blablação" e os jogadores, por intermédio de gestos, deveriam deixar claro o motivo pelo qual queriam o canto. O jogo ganhou ainda mais vivacidade! No início, havia a ansiedade para se ocupar um lugar no quadrado. Mas com a nova regra o jogo ganhou teatralidade. Era muito interessante observar os gestos dos jogadores. Como não havia mais um texto, somente a "blablação", os jogadores tiveram que ampliar suas atitudes. Marias foram transformadas, por exemplo, em cães ferozes que espantavam as pessoas, ou em alguém doce que queria um canto através da sedução. Era interessante, também, observar a reação dos que estavam na margem do quadrado. De acordo com a atitude do jogador do centro, os jogadores que estavam distribuídos pelos quatro lados do quadrado reagiam: ora espelhando a atitude, ora reagindo a ela. A Ingrid nos disse que esse tipo de relação pode ser pensada numa proposta de teatro contemporâneo, assim como a atuação em coro, onde não há um ator em destaque.

O segundo jogo foi "Lá Vai o Ganso". Os jogadores posicionados em círculo, um deles inicia o jogo dizendo para o outro e fazendo um gesto: "Lá vai o ganso". Outro diz: "O quê?" E o primeiro repete: "Lá vai o ganso"; o terceiro diz para o segundo: "O quê?" O segundo diz para o primeiro: "O quê?" Então o primeiro diz novamente: "Lá vai o ganso"... Assim o jogo ocorre até passar por todos do círculo. Há uma coreografia que envolve os braços num movimento de onda que deve ser repetido a cada fala. É muito importante manter o ritmo e deixar que o corpo responda e pergunte. Se os jogadores não mantiverem o foco, o jogo não ocorre. É preciso deixar toda a atenção voltada para o ritmo e a coreografia. O ritmo vai variando, junto com a coreografia, ora rápido, ora lento. [...] Quando fizemos esse jogo na terça-feira foi muito interessante, mas ele ganhou outra dimensão quando eu vi a gravura da Gula. Muitas figuras estranhas que surgiram no jogo do "Maria Quer um Canto" estavam presentes na gravura. Assim também pude ver muitos elementais iguais aos gansos que apareceram na terça-feira. Isso foi surpreendente. (Jane Kastorsky)

Kastorsky destaca as possibilidades dos jogos populares no processo teatral, que vão, por sua vez, conduzir a duas essências do jogo teatral: uma relacionada à passagem dos jogos tradicionais para o jogo teatral por meio da instrução e a outra relacionada ao foco. Como relata a atuante, por meio da instrução, em direção à alteração das regras, surge a possibilidade de se acrescentar à estrutura do jogo popular elementos teatrais. No caso do jogo "Maria Quer um Canto", as instruções dadas pela encenadora levaram os jogadores a improvisarem outros "quem". As instruções são um dos principais eixos de aprendizagem teatral e contribuem não só para direcionar os atuantes ao foco da cena e ao trabalho numa dimensão maior, como também alimentam a parceria entre os jogadores/atuantes e a direção. Na sistematização dos jogos teatrais, a instrução torna-se a voz do encenador no jogo. Por meio dela são lançados aos jogadores desafios que deverão ser solucionados pelo grupo. E o encenador precisa estar atento e ativo no jogo, para dar instruções precisas que contribuam com os jogadores no desenrolar do jogo. O encenador/instrutor é mais um jogador que atua no espaço da plateia. No caso do processo de *Chamas na Penugem*, as instruções dadas por Koudela também eram fundamentais para que os atuantes mantivessem o foco nas propostas cênicas da encenação.

A instrução é o enunciado daquela palavra ou frase que mantém o jogador com o foco. Frases para instrução nascem espontaneamente a partir daquilo que está surgindo na área de jogo […]. A instrução deve guiar os jogadores em direção ao foco, gerando interação, movimento e transformação […].
A instrução faz com que os jogadores retornem ao foco quando dele se distanciam […]. Isto faz com que cada jogador permaneça em atividade e próximo a um momento de nova experiência.[9]

Com relação ao foco, Kastorsky, nas suas observações finais, afirma que o segundo jogo exigia dos jogadores uma atenção maior ao foco. Na sistematização de jogos teatrais, ele não é o objetivo do jogo em si, mas o elo entre os jogadores e

9 V. Spolin, *Jogos Teatrais na Sala de Aula*, p. 33.

um determinado problema a ser solucionado em cena. Spolin afirma que o foco é o que coloca a bola do jogo em movimento. Ele traz o apoio necessário ao envolvimento orgânico dos atuantes à cena, para que eles mantenham vivo o esforço coletivo em torno de um problema e possam lidar com as incertezas sobre o resultado do jogo.

O jogo... O foco... Mais ação física do que interpretação. O foco é bom para *limpar* a cena e para os jogadores se limparem (ele mantém um constante ponto zero). Amplia o jogo. Ele é sinônimo de transformação. A partir do foco, pensamento e olhar caminham juntos. O coordenador não pode se distrair, não pode ficar apenas como espectador. Ele tem de estar ligado no foco, concentrado junto com os jogadores no problema. O foco também é sinônimo de parceria. (Ivanise de Carlo)

Outro ponto de destaque no relato de Kastorsky é quando ela afirma: "Era muito interessante observar os gestos dos jogadores." A construção dos gestos, na sistematização dos jogos teatrais, está intimamente ligada à fisicalização. A fisicalização está atrelada à capacidade de imaginar, de representar realidades, de tornar real um simples gesto, como fumar sem precisar ter nas mãos a presença de um cigarro. Ela torna-se o desafio e o objeto de trabalho na sistematização dos jogos teatrais.

Para Spolin, a fisicalização é um processo de representação corporal que busca evitar uma imitação irrefletida, mera cópia da realidade. Nesse sentido, os jogos teatrais propõem aos jogadores um problema a ser solucionado: tornar real o imaginário. Isso diferencia a fisicalização da mímica tradicional, por exemplo. O problema a ser solucionado não está em descrever o objeto imaginário, mas em mostrar a intencionalidade de um gesto. Cada atuante deve mostrar, por meio do gesto, o objeto imaginário, tornando-o real no palco. Estabelece-se, assim, a seguinte relação: o corpo do atuante está no palco, com todas as suas características físicas; no entanto, é possível ler os gestos que ele realiza e ver o objeto imaginário. Dessa forma, o corpo e o objeto imaginário coexistem no palco.

Bertolt Brecht, num dos versos do poema "Teatro do Cotidiano", ilustra esse conceito: o homem que descreve um acidente "nunca se transforma inteiramente no homem que está imitando. Sempre permanece o que mostra". Tornar real é mostrar. O ator, ao mostrar um objeto, sem querer realizar a mímica dele, utiliza-se do seu próprio corpo para que ele se torne real e apareça no palco.

A fisicalização aponta a diferença entre mostrar e contar. Contar é fazer de conta, é simulação. Já mostrar é tornar real o que significa a ação da realidade cênica. A diferença entre mostrar e contar visa fazer com que os atuantes mantenham contato com a realidade física da cena. Evita-se, assim, um processo teatral com abordagem intelectual ou psicológica, substituindo-o pelo plano da corporeidade.

Nesse sentido, a capacidade corpórea dos jogadores constituiu o cerne da fisicalização e das propostas de encaminhamentos no processo de *Chamas na Penugem*. Isso significou explorar as possibilidades dos atuantes em tornarem visíveis as ações para os observadores do jogo teatral. Com a utilização mínima de figurinos, adereços e cenografia, os atuantes foram conduzidos a descobrirem as possibilidades expressivas dos seus corpos e compreenderem o princípio semiótico do gesto.

Durante a leitura da gravura, vimos na base dela um ser estranho, com formas humanas e animalescas. Vimos que se tratava de um elemental. A figura de um elemental se baseia no que descobrimos sobre o grotesco. Ingrid pediu para escolhermos um dos elementais. Eu escolhi um limpa cu (o Joaquim disse que essa figura era muito popular nas festas medievais). Em seguida, fomos instruídos a fisicalizar o elemental escolhido. Olhei para a imagem e busquei espelhar o Zombeteiro (esse foi o nome que dei para ele). Tinha apenas o corpo para fazer isso. Então me sentei no chão, enfiei a cabeça entre as pernas, passando o braço por debaixo da minha cabeça, até conseguir apalpar minha bunda. O braço direito serviu de apoio, para que a mão espalmada permanecesse no chão. Fiz os dedos bem abertos para parecerem as patas do homem/animal. Abri bem os dedos dos pés também. Como não havia o espelho, abri bem a mão esquerda, como se fosse o espelho do Zombeteiro. Ingrid pediu que outro jogador espelhasse o meu grotesco elemental. O Flavinho ficou na minha frente e o Jogo do Espelho começou. Tudo que eu fazia o Flavinho espelhava. De repente começaram a surgir umas risadas estranhas, uns grunhidos e Ingrid pediu para exagerar nisso. Aos poucos não sabíamos mais quem era o iniciador e quem era que espelhava. Ficamos em sintonia. A maior dificuldade era olhar o espelho imaginário e o parceiro de jogo. Vimos nascer assim o elemental! O elemental saiu da tela e ganhou vida no palco. Ganhou nome, ganhou som e se transformou num zombeteiro. Observa-se que o jogo de espelho possibilitou a desconstrução ereta do meu corpo e permitiu a fisicalização do Zombeteiro. Um corpo novo surgiu. A nossa referência era a imagem, mas isso não impediu que ficássemos livres para criar em cima do elemental. Criamos um gesto próprio do Zombeteiro. O gesto era de uma figura escrota, daquelas que vivem se arrastando pelo chão, pelos esgotos e sente prazer nisso. Não precisou de nenhum estudo mais aprofundado para chegarmos a ele. Ele surgiu do nosso corpo e ganhou forma a partir dos sons que criamos. (Ricardo Devito)

Devito relata como um dos elementais da gravura Soberba foi fisicalizado, descrevendo a maneira pela qual o imaginário foi apresentado, em oposição ao imaginário representado. Em outras palavras, a descrição do "Jogo do Espelho", que culminou na criação de um elemental, apelidado pelos atuantes de Zombeteiro, demonstra como os jogadores entraram em contato com a realidade do palco em nível físico, na experiência do aqui-agora, para fisicalizar uma figura da gravura. Essa fisicalização também ajudou a dupla a encontrar o gesto zombeteiro para o elemental.

As observações de Devito estão em consonância com as ideias de Spolin, quando ela afirma que a realidade teatral só pode ser física. Para ela, os jogadores devem captar e expressar, por meio do seu corpo, a realidade teatral. Segundo Spolin, quando o atuante compreende o sentido da fisicalização no trabalho teatral, ele passa a se comunicar diretamente com a plateia, sem rodeios, sem os ruídos da interpretação subjetiva, e todo o seu organismo está presente em cena.

No espetáculo *Chamas na Penugem*, o que nos interessava nos jogos teatrais e, consequentemente, na fisicalização, era a exploração da comunicação física direta com a plateia. A condução do olhar do público para uma relação dialógica e dialética com as figuras que eram apresentadas no palco passou a ser parte do processo de investigação física dos atuantes. Assim sendo, todo processo de construção gestual tinha também o objetivo de transformar a contemplação do público em atitude participativa.

A fisicalização é um instrumento que está em oposição aos clichês pré-fabricados e aos padrões preestabelecidos por uma suposta interpretação de personagens. Ela é parte constituinte de um modelo de educação e de experimentação teatral que procura gerar novos meios de produção artística.

A avaliação dessas descobertas e do seu caráter teatral por parte dos atuantes é fundamental tanto para o processo como para as escolhas feitas no desenvolvimento dos jogos que se transformaram nos quadros de cena. Após uma sessão de jogos teatrais, mais precisamente o "Jogo da Escultura", o grupo, a partir da avaliação, analisou o procedimento e discutiu as possibilidades que o jogo trazia ao espetáculo. Apresentamos, a seguir, a descrição do jogo pelo atuante Catalunha e, na sequência, a avaliação do grupo.

Hoje fizemos o Jogo da Escultura. O objetivo era a construção gestual das figuras femininas, a Senhora Vício. Esse jogo foi repetido outras vezes. Hoje trabalhamos em cima da figura alegórica da Senhora Preguiça. O atuante "A", recorrendo à gravura, observou a posição e o gesto da Senhora Preguiça. Em seguida, buscou reproduzi-la o mais fiel possível com seu próprio corpo. Após ter finalizado, o atuante "B", que havia permanecido de costas, de olhos fechados, e não presenciou a imagem corporal construída pelo atuante "A", passou a tatear o corpo de "A" com o intuito de reproduzir no atuante "C" o gesto criado pelo atuante "A". O atuante "B", ainda de olhos fechados, constrói no corpo de "C" a imagem da Senhora Preguiça. Ao término, todos abriram os olhos e observaram as semelhanças e imperfeições[10].

A avaliação ocorreu após o jogo. Em um primeiro momento, foi dada a palavra à plateia e, em seguida, aos jogadores. Vale destacar que, num processo de jogos teatrais, os atuantes se dividem em jogadores e público, e a cada jogo existe a troca desses papéis. Essa organização mantém presente a relação entre palco e plateia e permite que todos experienciem os dois papéis.

INGRID: Qual a percepção que tínhamos das figuras ali representadas na tela e depois nos corpos dos jogadores?

PÚBLICO 1: A imagem parece que salta da tela. Ela ganha mais plasticidade.

PÚBLICO 2: Eu acho que faltou tônus. A Senhora Preguiça não está apenas largada no chão. A escultura que foi construída parecia que estava morta. Não parecia que estava viva e dormindo!

INGRID (aos jogadores): Vocês sentiram dificuldades em construir a figura?

---

10   R. Catalunha, op. cit., p. 46.

ATUANTE 1: Acho que a maior dificuldade encontrada é que na gravura tinha um asno que apoiava a cabeça da Senhora Preguiça e, aqui, não tínhamos. Então, acho que passou a ideia de morte.

ATUANTE 2: Quando apalpei a escultura achei estranho vê-la no chão. Pensei que ia existir algo apoiando a cabeça.

PÚBLICO 3: Talvez seja isso que falte para que tenhamos o gesto da Senhora Preguiça.

ATUANTE 3: É… Falta um asno. Ele será construído ou vai ser um ator?

INGRID: Não sei ainda. Talvez a animação possa completar aquilo que nossos corpos não deram conta de representar. É preciso falar com o Jaime (cenógrafo).

ATUANTE 4: Eu acho que não vai funcionar. Tem muita coisa numa única gravura.

INGRID: Vocês estão muito preocupados com o que vai funcionar. Acredito que agora é o momento de experimentar. Temos que estar com outro canal ligado… o sensitivo. Voltemos um pouco, aqui, para a nossa investigação… Qual é o gesto social desta figura?

ATUANTE 1: Percebi que a Senhora Preguiça está entregue ao vício. A única coisa que mantém a sua cabeça é o braço. O tônus do seu corpo é mínimo, ao contrário do braço que sustenta.

ATUANTE 3: Sua expressão não é de sofrimento. Parece que ela dorme prazerosamente. Se não estivesse no contexto da gravura, não saberíamos que se tratava de um vício. Seria apenas alguém dormindo!

PÚBLICO 4: Ela destoa das outras figuras. Enquanto nas outras existe um certo desconforto com o vício, a Senhora Preguiça descansa tranquilamente.

PÚBLICO 5: O gesto dela é de quem dorme no caos onde vive. O diabo está atormentando. E ela simplesmente dorme. Assim como muita gente neste país.

INGRID: Qual seria a chave para nossa investigação?

ATUANTE 2: Não sei, mas tinha que ter ironia nesta figura. Ela não é séria, é engraçada!

INGRID: Ela me lembra aquelas cantoras líricas gordas que vivem ao bel-prazer… Talvez pudéssemos colocá-la cantando uma ópera… O corpo todo largado e só a boca mexendo…

PÚBLICO 5: Nossa! Seria interessante… Baixa aí uma música da Internet e vamos ver se dá certo!

Ayres afirma que, no processo de *Chamas*, a avaliação era um catalisador de ideias. O atuante afirma que a avaliação lhe trouxe, dialeticamente, a ampliação do conceito de atuante e, ao mesmo tempo, de espectador. Para ele o encenador também ocupa, durante as avaliações, a figura de instrutor e fomentador distante de qualquer atitude autoritária. Segundo o atuante Ramon Ayres, na avaliação são intermediados conteúdos importantes sobre a encenação, e muitos problemas surgidos durante o processo são clarificados nesse momento.

Além da instrução e do foco, Spolin também considera a avaliação parte essencial do jogo teatral. Longe de parâmetros de certo ou errado, a avaliação tem o propósito de restaurar o foco e de avaliar como o grupo lidou com os problemas da cena.

A avaliação torna os jogos teatrais e, consequentemente, o processo de aprendizagem teatral, observáveis. Valendo-se desse processo, os jogadores têm a possibilidade de perceber, logo após o jogo, a recepção do trabalho e aprimorá-lo. A aprendizagem parte, então, do concreto para o abstrato. Assim sendo, o impulso sensório-corporal, instaurado a partir dos jogos, são canalizados gradativamente para a expressão simbólica de atitudes, e a avaliação reflexiva promove a leitura dessa expressão.

Um trecho do protocolo de Esparrachiari evidencia as possibilidades que os jogos e suas avaliações trouxeram ao processo de montagem e mostra como eles encaminharam o grupo para a construção dos quadros de cenas:

Este é um processo distinto de todos aqueles que partem de um texto. No processo do espetáculo *Chamas na Penugem*, a única coisa concreta que temos é um conjunto de sete gravuras e uma série de jogos que foram desenvolvidos durante as oficinas de jogos teatrais. Jogos como "Jogo do Espelho" (em duplas e em grupo); "Siga o Seguidor" (em duplas, em grupos, com palavras, fala espelhada); "Transformação do Objeto e do Quem, Apenas um em Movimento"; "Objeto no Espaço"; "Blablação – Tradutor-Intérprete"; "Dar e Tomar"; "Colocar em Movimento" e "Movimento Rítmico"[11] foram fundamentais para assimilarmos conceitos como Foco, Fisicalização, Gestos e Mostrar/Contar. Também contribuíram muito para a discussão de dados levantados nas leituras das gravuras como: alegoria, grotesco, elemental. A cada avaliação tínhamos a possibilidade de afinarmos nossas expectativas com a direção. As avaliações promoveram também descobertas teóricas sobre o teatro contemporâneo que foram muito significativas. As sugestões de leitura de textos foram importantes, principalmente para a compreensão do que é processo colaborativo e o teatro

---

11   Há uma descrição minuciosa desses jogos em *Jogos Teatrais na Sala de Aula*, de V. Spolin.

pós-dramático, com quem o teatro de figuras alegóricas tem estreitas relações. Os jogos permitiram organizar um elenco enorme como o nosso: 34 pessoas! Trabalhamos em duplas, em trios, em grupos com mais de dez pessoas. Em alguns momentos, tinha-se a sensação de um caos total. Não sabíamos o que fazer com tantas descobertas. Mas aos poucos as coisas foram se encaixando... Um dado levantado no início da leitura de imagem agora fazia sentido na construção do coro de aflitos, na imagem da Luxúria, por exemplo. Uma questão sobre o *tableau vivant*, que ocorreu lá nas discussões sobre Diderot e com a palestra do Simões[12], agora fazia sentido nas construções dos quadros de cena. De repente, tudo passou a se encaixar. Não foi num passe de mágica, mas a partir de muito trabalho. Esse processo caleidoscópico traz outro movimento ao ator. Eu não sei só das minhas coisas, mas sei das coisas do outro, do outro, de toda encenação. Conseguimos, a partir desse processo, construir um gesto coletivo de trabalho. (Luís Esparrachiari)

O protocolo de Esparrachiari traz uma síntese do processo experimentado pelo grupo. É possível perceber como o trabalho vai sendo construído coletivamente; por meio de um processo de investigação e de descobertas são levantados os materiais necessários à encenação. Evidencia-se, assim, o quanto é favorável ao processo de aprendizagem teatral concebermos a encenação como prática pedagógica. Nessa concepção de trabalho, conquistamos um processo mais plural, ou caleidoscópico, como definiu Esparrachiari, e também a possibilidade de a prática acompanhar a teoria e vice-versa. Cada participante vai ocupando seu lugar no trabalho, de acordo com as suas capacidades e os seus interesses. É dessa maneira que o coletivo se forma no grupo. Esse processo traz consigo uma ação político-estético-artístico-pedagógica que valoriza a imaginação, o devir, o dedutivo, a heurística e a hermenêutica. Nos exercícios de Viola Spolin, "longe de estar submisso a teorias, sistemas, técnicas ou leis, o atuante no jogo teatral passa a ser o artesão de sua própria educação, produzindo-se a si mesmo."[13]

---

12 O professor José Simões de Almeida Jr., pesquisador da Universidade de Coimbra, proferiu, em 2008, uma palestra sobre *tableau vivant*.

13 I.D. Koudela, Introdução, em V. Spolin, *Jogos Teatrais na Sala de Aula*, p. 24.

A CONSTRUÇÃO DOS QUADROS DE CENA
E OS "TABLEAUX VIVANTS"

Na segunda parte do processo de trabalho, passamos para a construção dos quadros de cena. Como já foi apontado, durante os meses de maio e junho de 2008, o grupo investiu suas energias na construção dos sete quadros de cena que compuseram a encenação *Chamas na Penugem*. Os encontros às terças e às quartas-feiras passaram a ser utilizados para essas construções cênicas, sem perder de vista todo o processo experimentado pelo grupo.

Essa etapa de trabalho principiou com a seleção de partes da imagem. O grupo percebeu que as gravuras, densamente povoadas, não caberiam totalmente no palco. As limitações de perspectiva e a delimitação da moldura do palco à italiana exigiam recortes na gravura. Os atuantes selecionaram figuras que foram consideradas as mais significativas para compor o quadro de cena do vício. Para essa seleção, as figuras foram divididas nas seguintes categorias: elementais, figuras alegorizadas de cada vício, senhoras alegorias e animais correspondentes. Com base nessa seleção, os quadros foram sendo estruturados no palco.

De acordo com as seleções realizadas, os atuantes foram se encaixando nos diversos quadros de cena. Vários atuantes passaram a representar múltiplas personagens, enfatizando a figura com seus desdobramentos, e não mais o conceito de personagem com índices psicológicos. Assim sendo, foi dada uma atenção especial à caracterização física das figuras, o que fez com que os atuantes se fixassem mais na visualidade, na forma teatral e nos gestos do que nas configurações interiores da personagem.

A identidade física das figuras, compostas pelos atuantes com base nos desenhos de Brueghel, foram estruturadas por meio de partituras corporais. Nesse sentido, optou-se por construções gestuais que quebrassem as formas familiares caracterizadas por pressupostos miméticos da realidade, que faz com que as personagens se fundam em princípios de causalidade, de reconhecimento e de construção psicológica. Dessa maneira, o desafio dos atores, seja na representação dos animais, das figuras humanas ou dos elementais, foi colocar em relevo apenas aquilo que possibilitaria delinear os vícios de cada figura.

FIGURA 12 (*à esquerda*) e 13 (*no centro*): *oposição entre* A Avareza (*detalhe*), *de Brueghel, o Velho e o* tableau vivant *da encenação* Chamas na Penugem. *Foto de José Neto* (*2008*)[14].

Deve-se ressaltar que a ação das figuras em cena não estava fundada no desenvolvimento de uma história. Em linhas gerais, no teatro tradicional, a ação está pautada no que a personagem deseja, no que ela quer. Nesse caso, pode-se dizer que o foco da interpretação está no movimento que a personagem realiza na fábula. No caso das figuras da encenação *Chamas na Penugem*, essa noção de ação deixou de existir e priorizou-se simplesmente o que cada figura era. No quadro da Gula, por exemplo, a Senhora Vício bebe demasiadamente e, durante a exibição do quadro de cena, a atuante permanecia nessa ação de beber o tempo todo. Sua partitura corporal consistia nos seguintes gestos: pegar o copo, sorver a bebida (início); arrotar de satisfação e cambalear (meio); pegar outro copo de bebida e sorver todo o líquido que tinha nele (fim). Com variações de ritmos, o gesto se repetia num moto-contínuo.

14   José Neto é fotógrafo e professor da Universidade de Sorocaba – UNISO. Seu trabalho fotográfico consistiu em documentar as apresentações do espetáculo *Chamas na Penugem*. A sua técnica e o olhar apurado de artista produziram um portfólio de imagens bastante significativo. Encontramos, por intermédio desse profissional competente e dedicado, caminhos que nos possibilitaram captar os resultados estéticos da encenação e a teatralidade dos *quadros de cena*.

FIGURA 14 *(à direita)*: Tableau vivant *inspirado em* A Avareza, *de Brueghel, o Velho.* Foto de José Neto (2008).

Nesse trabalho, o que interessava era a aparência sintetizada de cada figura em seu estado de vício. Tratava-se de uma representação na qual cada atuante buscava, com poucos gestos, dar forma e identidade a cada uma das figuras selecionadas nas gravuras. A fixação num gesto e nos seus desdobramentos possibilitaram o rompimento do tempo causal que justificaria a ação de uma personagem.

Estamos trabalhando com um espetáculo de sobreposição de fragmentos, com vários elementos em comunhão: atores, iluminação, cenários, figurinos, animação, narração em *off* etc. [...] As partes estão dialogando entre si para se chegar a um acordo, a uma unidade, uma proposição estética e cênica – parte do todo. [...] figuras alegóricas se deslocam de um quadro para outro quadro. (Rodrigo Cintra)

Cada fragmento de imagem foi selecionado de acordo com a constelação de figuras que compunham o vício. Muitas delas figuravam em vários quadros de cena. Assim sendo, os animais, os elementais e algumas figuras humanas que remetiam às imagens diabólicas transitavam por vários vícios, isto é, por diversos quadros de cena, o que permitia criar uma unidade de conjunto, de povoamento e de sobreposição nesses quadros.

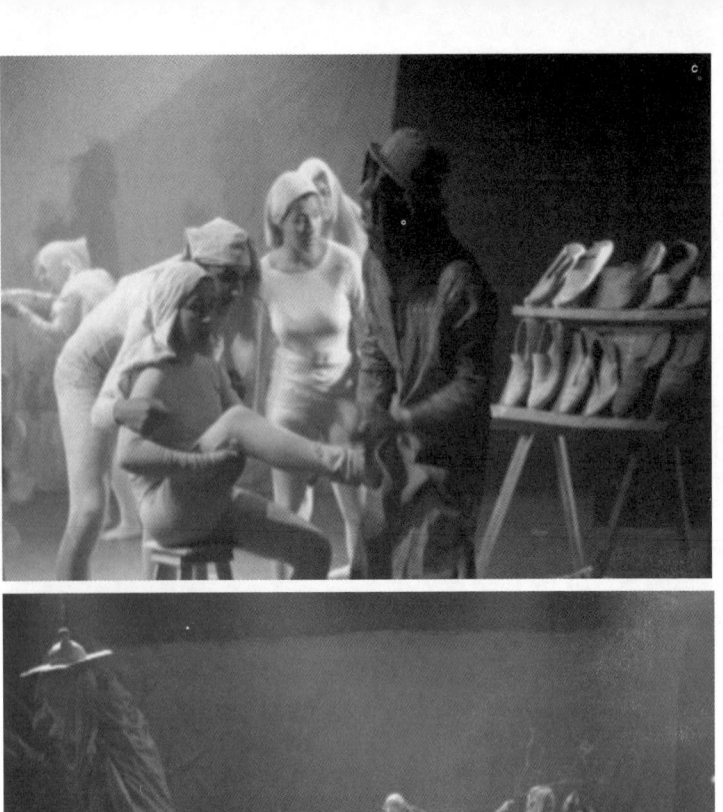

FIGURA 15 (*página ao lado, no alto*): Tableau vivant *inspirado em* A Inveja, *de Brueghel, o Velho. Foto de José Neto (2008).*

FIGURA 16 (*página ao lado, no centro*): Tableau vivant *inspirado em* A Ira, *de Brueghel, o Velho. Foto de José Neto (2008).*

FIGURA 17 (*página ao lado, embaixo*): Tableau vivant *inspirado em* A Luxúria, *de Brueghel, o Velho. Foto de José Neto (2008).*

FIGURA 18 (*acima à esquerda*): Tableau vivant *inspirado em* A Gula, *de Brueghel, o Velho. Foto de José Neto (2008).*

FIGURA 19 (*acima à direita*): Tableau vivant *inspirado em* A Preguiça, *de Brueghel, o Velho. Foto de José Neto (2008).*

Cada figura tinha como missão carregar um detalhe da gravura de Brueghel e, por conseguinte, o tempo histórico e os valores emblemáticos representados em cada imagem do artista.

Essas construções se ligam ao conceito de enunciado e de fragmentos históricos, que caracteriza as imagens alegóricas. O processo de montagem e de combinação dessas figuras no palco se configurou num profícuo exemplo de sobreposições e colagem exploradas no teatro contemporâneo.

Cabe ressaltar que o recurso da montagem é dialeticamente alegórico, pois permite uma leitura histórica da figura representada pelo atuante, ao mesmo tempo que se constrói na frente do espectador. Aquilo que não pode ser dito em palavras é alegorizado.

Pensar na construção das figuras, assim como nos quadros de cena, com base na perspectiva dos recortes, das colagens, das sobreposições e das fotomontagens permitiu aos atuantes perceber o quanto a montagem pode ser também uma operação de estruturação plástica da cena. Essa ação não se limita às estratégias de organização e estruturação do espaço, mas incrementa as possibilidades de significação dos elementos em cena e se abre às inúmeras significações da plateia.

Os quadros de cena foram organizados obedecendo, em geral, às seguintes estruturações: figuras individuais (muitas delas eram os animais correspondentes ao vício e aos elementais; eles abriam ou finalizavam o quadro de cena); pequenos *tableaux* (esses *tableaux* atravessavam os quadros de cena, ou entravam um a um e se colocavam no palco; de acordo com a posição em que as figuras se encontravam na gravura, em outros momentos entravam simultaneamente com outros *tableaux*).

Leitura da imagem pelo espectador: [...] a aproximidade evidencia algumas figuras e escondem outras. O grupo deve estabelecer ação e reação em cena com foco na atividade. [...] Embora cada qual seja senhor do seu papel, quase nada está pronto. É preciso dispor as figuras em conjunto, [...] uma sucessão de quadros [...]. (Edilaine Faria)

A técnica do *tableau vivant* nos remeteu às construções dos quadros montados, na Idade Média, em cima dos tablados ou ao hábito que a nobreza tinha de brincar de ficar congelada numa determinada posição como se fosse uma estátua.

Sem o recurso do *tableau vivant*, não seria possível a construção da paisagem desenhada por Brueghel em cada gravura. Além de se apresentar como um recurso que possibilita dar conta de uma série de dados da imagem, o *tableau* estabelece um vaivém de memória e, com isso, as relações promovem um diálogo entre o indivíduo e a coletividade. Para o pesquisador Willi Bolle, graças à sua característica de fragmento, de descontinuidade, o *tableau* se presta a ilustrar dados da história social.

Segundo a visão benjaminiana, o *tableau* rompe com a tradicional historiografia linear e causal, deixando um espaço enorme entre a obra e o espectador, para que este faça as conjunções, deduções e reconstruções de acordo com as suas referências. Duas operações estão sempre presentes nos *tableaux*: uma atrelada à ideia de síntese e de fragmento de uma parte maior; outra está no movimento que o pensamento realiza entre o passado, o presente e o futuro no momento da leitura da imagem.

Nessa perspectiva, a brevidade e a descontinuidade presentes no *tableau* oferecem a fusão entre a memória individual e a memória histórica coletiva. Por isso, no processo de *Chamas na Penugem*, os atuantes precisaram compreender antes o valor alegórico de cada detalhe da gravura; como se processou, por parte de Pieter Brueghel, a construção dos significados; e de que forma esses significados foram utilizados ao longo do tempo. Isso não só trouxe a compreensão dos conteúdos das gravuras como permitiu vê-las de forma crítica[15].

Em cada *tableau*, tendo em vista a construção dos quadros de cena, explorou-se o processo de animação teatral. As animações se processaram de inúmeras formas. Em alguns quadros de cena, o atuante vestia o boneco e o manipulava, dando-lhe movimento e expressão. Isso ocorreu com a maioria dos animais que eram os correspondentes aos vícios representados nas senhoras e nos bonecos gigantes. Em outras passagens de cena, tivemos a animação de máscaras e os objetos. Algumas máscaras, em vez de serem vestidas pelos atuantes, eram animadas e ganhavam vida própria, o que tornou possível, por exemplo, colocar em cena figuras híbridas como os elementais. Esses recursos tornaram o grotesco presente no palco.

Tivemos também um processo bastante peculiar na movimentação dos corpos. Em sua maioria, as figuras eram marionetizadas. Para se criar atitudes e deslocamentos estranhos, os atuantes reduziram a figura num gesto único, simples, que se repetia diversas vezes, em ritmos variados. Apresentamos, a seguir, a descrição da atuante Paola Bertolini, ilustrando essas construções.

---

15 Walter Benjamin renomeia os *tableaux* de *quadros da cultura*. Os *tableaux* ou *quadros de cultura* são fragmentos de memória, carregados de história.

FIGURA 20: Tableau vivant *inspirado em* A Gula, *de Brueghel, o Velho. Foto de José Neto (2008).*

Eu manipulo o meu corpo. Cada articulação do meu corpo é da figura que está em cena. Assim, eu faço a figura caminhar até o lado direito do palco em desequilíbrio. Foco no copo; misturar a bebida; levar o recipiente até a boca; engolir; saborear pressionando a língua contra o céu da boca; acentuar o desequilíbrio (gesto de bêbada); esticar o braço esquerdo novamente; foco no copo; misturar, rapidamente, a bebida; levar, rapidamente, o recipiente até a boca; engolir com mais fissura; saborear pressionando a língua contra o céu da boca; acentuar o desequilíbrio (totalmente bêbada); foco no copo; misturar, freneticamente, a bebida; levar, alucinadamente, o recipiente até a boca; engolir com muito mais fissura; saborear pressionando a língua contra o céu da boca; totalmente em desequilíbrio (absolutamente bêbada); sair em total desequilíbrio pelo lado esquerdo do palco. (Paola Bertolini)

Os atuantes se distanciavam das figuras; portanto, o que tínhamos em cena, de acordo com Bertolini, eram atuantes manipulando seus corpos como se estivessem articulando um boneco. Esse tipo de atuação não só trouxe a estranheza para os quadros de cena como também contribuiu para compor o universo onírico das gravuras.

Essa forma de atuação foi muito explorada ao longo do século xx. No século xix, Heinrich von Kleist já negava a interpretação realista dos atores, substituindo-os por bonecos e justificando que o belo na arte estava no artificial. Nesse sentido, os bonecos eram uma matéria-prima importante para o teatro. No século xx, e de forma mais radical no início do século xxi, as ideias de Kleist foram retomadas, destacando-se, dessa vez, que as palavras já não davam conta de todo o universo semântico do teatro; era preciso valorizar a expressão do corpo. Assim sendo, a marionete passou a ser a referência para o comportamento do ator em cena. Dessa maneira, encenadores e dramaturgos decepcionados com a atuação dos atores, os excessos de caretas, o maneirismo exacerbado e o vedetismo passaram a ter a marionete como inspiração. Para esses profissionais, a marionete seria a única capaz de expressar estados d'alma, de ter gestos delicados e de fragmentar os movimentos. Tais proposições estão ligadas ao teatro mecânico, no qual a gestualidade é marcada e controlada, de modo que os atores ajam como marionetes, manipulados por fios. Essa forma de atuação desloca o foco da construção psicológica de uma personagem para a construção física.

Reiterando, na encenação *Chamas na Penugem*, a presença física do ator, movendo-se e gesticulando como um boneco articulado, trouxe o desafio da fisicalização de uma realidade concreta, cujo resultado foi a construção de figuras, de bonecos articulados, retemetendo o espectador a um universo onírico, presente também nas gravuras de Brueghel.

A desnaturalização dos gestos permitiu aos atuantes trazerem à cena o estranhamento e a distância necessária para que a plateia percebesse que se tratava de referências das gravuras de Brueghel e, por consequência, de parte do mundo medieval, em vez de ser a representação mimética aristotélica do próprio mundo. Para a efetivação desse trabalho, os atuantes precisaram tomar consciência de dois elementos: o primeiro é da ordem do visível, que abrange a forma vista de fora, algo tão importante para a linguagem teatral contemporânea, valorizando a aparição da figura; o outro elemento seria o da ordem da construção estética do gesto, que cria um sistema de convenções ou de códigos de escritas cênicas.

Os atuantes passaram da instrução do mimético, no qual a construção de uma personagem está submetida a uma certa coerência de realidade e de verdade, para a instrução do lúdico. Concebidas como figuras imaginárias, oriundas de um universo de aberrações, os atuantes desfilavam uma sequência de figuras alegóricas.

Se os atuantes tinham uma partitura corporal, os quadros de cena também foram estruturados com base numa partitura cênica, que previa as entradas e saídas das figuras, as suas movimentações em cena e o local que ocupariam no palco. Essa partitura, construída coletivamente, se opôs à tradicional marcação de cena. As construções dos quadros de cena eram determinadas pelas linhas de construção das gravuras de Brueghel. Durante esse processo, os atuantes voltavam para as gravuras e buscavam identificar de onde as figuras vinham e para onde pareciam que elas iriam. Isso foi determinante para definir entradas, saídas e deslocamentos em cena.

partimos para analisar o movimento de cena presente de dar foco às saídas. Dessa forma, partimos da análise do movimento presente na gravura, no que diz respeito à disposição das personagens e, ao desvendarmos esse problema de atuação, buscamos um jogo teatral para resolvê-lo. Por exemplo, algumas gravuras sugeriam um movimento da esquerda à direita, outras possuem linhas na diagonal e algumas linhas paralelas. O jogo teatral "Saídas e Entradas", de Viola Spolin, foi desenvolvido durante a criação coreográfica das cenas. A leitura das linhas de construção das gravuras foi fundamental para a construção dos quadros de cena. Esse processo também auxiliou na marcação não direcional das cenas, partindo do movimento orgânico presente nas gravuras e desenvolvidos pelos atuantes (Robson Catalunha).

Os procedimentos didáticos explicitados aqui buscaram levar os atuantes e futuros professores de teatro a experimentar novas formas de conduzir e estruturar um processo teatral. Vimos que as propostas não são tão inusitadas assim, todavia elas compõem um conjunto de ações pedagógicas e artísticas que se contrapõem ao chamado teatro tradicional, convencional, no qual a interpretação dos atuantes está baseada na palavra. Tanto no campo das produções artísticas em espaços culturais como na produção de encenações em espaços escolares, tais proposições colocam os atuantes em contato com o teatro contemporâneo, constituindo-se numa abordagem própria e singular que, no experimento de *Chamas na Penugem*, foi denominado por Ingrid Koudela de Teatro de Figuras Alegóricas.

SONOPLASTIA

> *Todos os seres que surpreendentemente brotavam pela sala nos tomando a atenção pareciam ter seus movimentos ampliados, e seus sons ou dialetos com timbres variados davam características únicas, permitindo reconhecer as imagens em nossos corpos, especificando seus vícios e diferenciando-os uns dos outros.*
>
> PEDRO FONTES

A sonoplastia da encenação tornou-se mais um elemento textual do espetáculo. Além da visualidade dos quadros de cena, era oferecida ao público uma gama de sonoridades que constituíam a paisagem sonora do espetáculo. Durante o processo de leitura de imagem, percebeu-se que as gravuras de Brueghel tinham sons, os quais provinham das figuras humanas, das maquinarias, do burburinho da praça, das rezas, dos sinos e de uma infinidade de outros elementos representados na gravura.

A imagem possui som? Perguntou o Joaquim… Começamos a produzir o som das gravuras… Era uma infinidade de barulhos… Ferro… Gritos… Risadas… Rezas… Todos se misturavam e criavam a paisagem sonora da gravura. Se fecharmos os olhos, é possível recompor o quadro a partir dos sons. A Ira tem sons profundos… do interior da alma, tal qual veste que se elucubra de vertigens e estertoricamente se desopila… aaahhhhh… aaaahhhhh! Os sons da Gula são guturais… Viscerais, aquele som acompanhado de olhares furtivos e lábios entreabertos… a respiração denuncia e um prolongado huuumm, huuuummm escapa. Na Luxúria temos sons ritmados… credenciados… vibrantes ou suaves que atravessam com intuito único de entorpecimento… vibrações da e na pele... e de todos os sentidos assim tocados ahhnn ahhnn. Os sons da Preguiça são longos suspiros... secos galfejos de ar... aaaaãããănn... aaaaãããănn... arrastando-se como os corpos entregues à indolência. O som da Avareza é o tilintar fônico... tiisk...tiisk...tiiski... com a ponta da língua atrás dos dentes incisivos centrais superiores... numa negativa da alteridade. Os sons do Orgulho... um humpf seguido de um silêncio... Os sons da Inveja são aqueles que pigarreamos... não desgrudam das pregas vocais, não se desprendem e nem se colocam... sufocam... ããh ããh ããh... (Ismália Ferraz)

A leitura sonora, onomatopaica e sensorial inicial das gravuras foram aprofundadas na Oficina de Sons Físicos, coordenada pelo músico Mauricio Maas[16], integrante do grupo Barbatuques.

Diferentemente das outras terças-feiras não lemos o protocolo semanal, fomos direto ao palco para iniciarmos a aula-oficina [...]. Todos no palco, em círculo, alongamos os nossos corpos. Mauricio nos faz uma pequena demonstração de como tirar sons de várias partes do corpo, boca, bochecha, mãos, pernas, palmas etc. Separadamente, ele nos mostra e ensina as técnicas para se obter o melhor som. Tapas na boca, na bochecha e palmas em forma de concha com as mãos na boca, tiramos vários sons de natureza parecidas, o movimento da língua dá as notas musicais. Trabalhamos com o pulso. A classe inteira estabelece um único pulso. Começa individualmente e vai se somando. Dentro de um pulso, vários sons vão sendo produzidos. É uma verdadeira sinfonia de sons! A impressão que temos é de que é mais simples do que parece produzir sons com nossos corpos. Ainda em círculo, sentados, improvisamos sons da natureza, animais, chuva, a partir de um pulso marcado com os pés. (Rodrigo Cintra)

Essa aula-oficina, como escreveu Cintra, trouxe ao grupo a possibilidade de investigar e criar uma partitura sonora para a encenação. O trabalho com o pulso não só permitiu a estruturação de diversos ritmos, a descoberta de inúmeros sons que podiam ser produzidos com o corpo, mas trouxe também para o grupo questões relacionadas à duração, ao tempo e ao timbre. Esses novos conhecimentos passaram a influenciar a criação e estruturação das cenas.

O exercício de ritmo em coro serviu de modelo para a elaboração das cenas. Por exemplo, um demônio surge em cena resmungando num

---

16   Maas coordenou uma oficina de sons físicos com os alunos, com base nos processos de criação do grupo Barbatuques, em março de 2008.

ritmo contínuo e compassado. Logo entra um elemental pulando e gritando, dentro do pulso estabelecido pelo demônio. Na sequência, entra a bêbada, agachada, andando sobre as pernas. Ela chacoalha o corpo e faz som de bebida descendo goela baixo no mesmo pulso do demônio [...]. Acredito que o pulso e os sons estabeleceram a atmosfera da cena, trazendo o estado onírico e de carnavalização que tem as gravuras. (Ricardo Devito)

Como identifica Devito, a investigação desses sons e o estabelecimento deles em cada quadro de cena possibilitou a construção da atmosfera onírica e carnavalesca de algumas gravuras. Dessa forma, foi construída uma partitura sonora do espetáculo que envolvia sons físicos, blablação e músicas instrumentais. O prólogo era iniciado com os atuantes em círculo, voltados todos para o centro, no escuro, com apenas uma luz que pulsava no painel de acordo com o desenrolar dos sons que o grupo ia produzindo. Eram sons da natureza ou grunhidos, criando uma paisagem sonora que já conduzia o público ao universo da encenação. A sonoridade de *Chamas na Penugem*, incluindo o texto falado por uma voz *off*, era carregada de significações e tão importante materialmente quanto a cenografia para a construção da visualidade do espetáculo.

CENOGRAFIA

> *Uma figura diabólica que acompanha, incentiva e acalenta o indolente em sua cama? Um elemental com características de um roedor? Uma figura anônima alimenta um homem? [...] Gestos rápidos e agitados contrastam com a lentidão dos demais [...]. Observando a imagem é quase inevitável conjecturamos [...]. Vamos inventariando ações, figuras, objetos... Será tarefa da cenografia fazer tudo isso existir em cena, [...] além dos nossos próprios corpos.*
>
> ISMÁLIA FERRAZ

A cenografia do espetáculo *Chamas na Penugem* foi construída pelos atuantes nas aulas de Figurinos e Cenografia, sob a coordenação do artista-docente Jaime Pinheiro. Essas aulas ocorriam em outro dia da semana e eram organizadas também em forma de oficinas de trabalho. Normalmente, o material levantado no processo experimentado pelo grupo no início da semana, terças e quartas-feiras, era levado para as aulas de Figurinos e Cenografia, cujo desafio era transformar todo esse conteúdo em cenografia. O mesmo período que abrangeu as sessões de leitura de imagem e as oficinas de jogos teatrais foi utilizado para o processo de criação e produção cenográfica. Desse modo, o inventário de figuras, objetos e construções arquitetônicas levantado pelos alunos nas sessões de leitura de imagem, mais os recortes que os atuantes fizeram em cada gravura, foram o ponto de partida para a produção do material cenográfico.

O projeto de cenografia teve como opção estética o próprio teatro medieval, que ocorria em cima de tablados. Foram utilizados poucos elementos: apenas um painel no fundo separando o palco da coxia.

Jaime expõe para o grupo sua proposta de cenografia. Sua opção é por uma concepção que viesse resgatar e retratar o teatro típico da época medieval. Um grande pano no fundo, que pode ser armado e desmontado com facilidade, tendo em vista que pretendemos viajar com o espetáculo. Esse painel serve também para a projeção de sombra chinesa. O restante do palco ficará vazio. Será produzido um dos elementos arquitetônicos da gravura. Esse elemento deve ser bidimensional para ser projetado em sombra, ou tridimensional para ocupar um lugar no palco. (Ricardo Devito)

Essa concepção inicial foi alterada. Desde o início, percebeu-se que o exíguo tempo e o excesso de elementos cênicos não permitiriam reproduzir os edifícios que existiam nas gravuras. Optou-se, assim, pela construção de um único elemento que ficaria fixo no palco como parte do cenário.

Em todas as gravuras existem árvores. São árvores que parecem mortas, que servem de apoio para suicídios ou passam por dentro das construções. As árvores são naturezas mortas. Faz-nos lembrar de que já houve vida, mas que agora é apenas uma imagem. Elas trazem para a gente uma sensação de morte, de algo terrível que aconteceu. (Ismália Ferraz)

Optou-se, assim, pela construção de uma árvore, feita com materiais aproveitados do lixo, que podia ser montada e desmontada com rapidez e transportada com facilidade.

Tendo em vista que as propostas da encenação buscavam romper com as delimitações existentes entre os atuantes e os espectadores, a produção cenográfica exigiu uma dupla reflexão: uma atrelada à arquitetura, que predetermina a relação entre o público e o espetáculo; e outra ligada à utilização do espaço reservado à representação. A primeira estava intimamente ligada à recepção do espetáculo, e, nesse sentido, a questão era como transformar os procedimentos adotados durante as sessões de leitura de imagem em proposições artísticas que pudessem aproximar o público das descobertas, dos desvelamentos de conteúdos e do impacto visual que as gravuras causaram nos atuantes. Para o grupo, o desafio era transformar em propostas cênicas as ações didáticas envolvidas na condução do processo de leitura das gravuras de Brueghel. Nesse sentido, a cenografia teve um papel fundamental. Com relação ao espaço reservado à representação, ele foi mantido limpo: apenas um painel de tecido no fundo do palco e uma árvore à esquerda.

Não existe um Onde na encenação. São muitos Ondes, indefinidos, que ficam a cargo da imaginação do espectador. O cenário é definido pela utilização de uma tela translúcida ao fundo do palco, através da qual se delimitava a amplitude horizontal do espaço de encenação, que permitiu lidar com as variações de tamanhos que se vê na obra de Brueghel. Esse mesmo recurso também serviu para a execução da técnica de "sombras chinesas" através da qual se efetivou a representação de um "onde mais distante" para onde migravam as figuras que atravessavam o quadro de cena, em alusão ao distanciamento geográfico do espaço ficcional. (Ricardo Devito)

O "onde mais distante" destacado por Devito refere-se ao levantamento feito durante a leitura das gravuras, quando o grupo percebeu que os fundos delas criavam uma tensão com relação aos planos que estavam mais próximos do espectador. Enquanto os primeiros planos, em geral, trazem o ar de festa da praça, de movimento, o fundo é representado de maneira terrificante: fumaças saindo de edifícios que estão pegando fogo, nuvens que parecem anunciar uma catástrofe etc. Nesse "onde mais distante" era possível ler toda a instabilidade e vulnerabilidade em que o homem medieval vivia. O painel translúcido, com a projeção de silhuetas, permitia trazer para os quadros de cena esse universo. Oportuno salientar que, além das sombras que eram projetadas, possibilitando jogar com deformações e variações de tamanho, todos os elementos de cena foram desenvolvidos no sentido de provocar alterações espaciais, de projetar no palco uma trama visual em consonância com a corporeidade dos atores.

Ressalte-se que, em oposição ao conceito de ilustração de um texto dramático, a cenografia teve o desafio de tornar tridimensionais as gravuras de Brueghel. Assim, cada objeto criado a partir do modelo de ação ganhou destaque pela qualidade das suas aparências (textura, corporeidade, cor, forma, volume, movimento), deixando de estar a serviço de uma história a ser contada no palco, de uma determinada emoção interior a ser comunicada. O valor da cenografia estava na sua capacidade de desencadear no público reações e sensações imaginativas, capazes de conduzi-lo a uma duplicidade temporal: o aqui-agora da cena e as relações históricas de onde provinha todo o material. O que estava em jogo era o movimento dialético entre o que o espectador via no espaço real, no palco, e as significações dos objetos cênicos. Destarte, as capacidades imaginativas dos espectadores eram requisitadas e potencializadas. Por meio de associações, fragmentações, rememorações, sobreposições e muitas outras ações plásticas, o público era conduzido a ver a realidade de outra maneira. Assim, o espectador se vê diante de uma polaridade entre a sua percepção sensorial e a representação simbólica do que vê, cabendo a ele a tarefa da ressignificação. Na mesma linha em que foram concebidos o cenário e os elementos de cena, os figurinos também tinham a tarefa de se transformar em elementos visuais, muito além de apenas vestir os atuantes. Cada figurino foi pensado e criado com base em dados levantados no processo de leitura de imagem. Todos os atuantes vestiam um "pijama" cor da pele e, por cima dele, eram colocados outros elementos. Fazia parte dos figurinos a construção de máscaras, tendo como princípio a ideia de que muitas delas foram utilizadas pelos atuantes no lugar das vestimentas.

Foram idealizadas as seguintes categorias de figurinos: figuras humanas vestiam apenas "pijama" e algumas usavam adereços; as Senhoras Alegorias possuíam vestidos e eram as únicas indumentárias coloridas; os atuantes que faziam os elementais vestiam "pijamas" com máscaras (as maiores eram animadas pelos atuantes).

Como já descrevemos, além do processo de marionetização da atuação, as animações de objetos, máscaras e bonecos também foram exploradas e construídas nas aulas de Cenografia e Figurinos. Destaca-se a construção dos bonecos que representavam animais como pavão, peru e galo. Esses animais correspondiam aos vícios da soberba, da avareza e da luxúria, respectivamente. Temos também objetos de cena que foram animados, como, por exemplo, um moinho, parte da gravura da Gula. Ele foi sintetizado num bastão que era projetado no painel e animado por um atuante.

Em se tratando de uma encenação cuja visualidade era o ponto de partida e de chegada, a cenografia assumiu um papel importantíssimo. Como já foi mencionado, o projeto de encenação visava transpor as gravuras para o palco e não realizar um trabalho de interpretação teatral. Assim, a cenografia teve o desafio de transformar linhas, formas e volumes organizados no espaço bidimensional em quadros de cena.

"CHAMAS NA PENUGEM":
O TEATRO DE FIGURAS ALEGÓRICAS

> *Uma catástrofe se aproxima. Meninas sendo jogadas pelas janelas, terríveis tremores de terra, legumes, verduras e frutas envenenadas por agrotóxicos, mosquito egípcio pintadinho com picada fatal, derretimento de calotas polares enquanto o astro rei da Via Láctea aumenta de tamanho cada vez mais até que um dia engolirá o planeta Terra já seco e sem vida como um caroço de abacate. Uma catástrofe se aproxima [...]. Anunciada pelas chamas no pano de fundo do cenário da humanidade que caminha rumo ao fim.*
>
> MARCO LESSA

O teatro de figuras alegóricas é uma forma teatral que se insere entre as tendências contemporâneas das artes cênicas. Estas já não se encaixam mais nos grandes gêneros que, outrora, definiam os tipos de peça: tragédia, comédia e drama.

Segundo Koudela, na contemporaneidade, a mistura de gêneros e o desinteresse por uma única tipologia teatral, acompanhada pela dificuldade de uma separação nítida dos gêneros dramáticos, fez emergir outras denominações para a cena. No projeto *Chamas na Penugem*, o teatro de figuras alegóricas surge exatamente dessa necessidade de se encontrar novas definições para o trabalho que vinha sendo realizado. O aspecto não dramático que o espetáculo assumiu, suas características híbridas que envolveram o rompimento com inúmeros cânones do chamado teatro tradicional e suas propostas pedagógicas motivaram a encenadora a definir em que bases o trabalho se apoiava. Assim sendo, o teatro de figuras alegóricas se constitui numa forma teatral própria com base em seis premissas. São elas:

- Não conta histórias construídas a partir da relação de causa/efeito, mas alinha quadros que se relacionam através de associações;
- Não apresenta caracteres psicologicamente diferenciados, mas sim figuras alegóricas;
- Não há uma imitação ilusionista da realidade, mas sim realidades autônomas com regularidades espaciais e temporais próprias;
- Não transmite mensagens racionalmente atingíveis na forma discursiva, mas cria universos imagéticos que valem por si;
- Não almeja, em primeira linha, a ativação e influência sobre a consciência, mas sim motivar o jogo de troca entre as camadas estruturadas imageticamente no subconsciente e o pensar conceitual;
- Busca romper o limite na relação entre palco e plateia.[17]

O teatro de figuras alegóricas apresenta grande interesse na encenação como prática pedagógica. Suas justificativas estão apoiadas no paradigma de que, na medida em que esse teatro promove distinções que vão além dos grandes gêneros, possibilita investigar na cultura popular as raízes para o estabelecimento de novas formas teatrais.

Trata-se, portanto, de um teatro que prioriza o material gestual, a pantomima e os movimentos coreografados. De acordo com Brecht, um teatro que se baseia na linguagem gestual não pode abrir mão da coreografia. Para ele, a elegância de um gesto e a graça de um movimento são fundamentais para se produzir o

17   I.D. Koudela, A Cidade Como Alegoria, *O Percevejo*, v. 1, fasc. 2, p. 10.

efeito de estranhamento. Na encenação de *Chamas na Penugem*, os quadros de cena substituíram as sequências de cenas dramáticas e o *tableau vivant* foi um recurso amplamente utilizado para isso. Nesse caso, o efeito de estranhamento foi enfatizado pelo isolamento das partes que compunham a encenação, em oposição à forma causal de apresentar os acontecimentos. A inexistência de um texto dramático verbalizado pelos atuantes, a substituição das personagens por figuras alegóricas desdramatizadas e a valorização da visualidade das cenas também aproxima a encenação de outras tendências contemporâneas.

Para Jean-Pierre Sarrazac, o teatro contemporâneo ampliou o campo da figura, primeiramente quando transformou personagens em criaturas, depois, quando trouxe para o primeiro plano o território simbólico da figura[18]. Nessa perspectiva, fora do alcance do naturalismo e do conceito de personagens psicológicas, ela rompe com as possibilidades de identificação por parte do espectador. De acordo com Sarrazac, a figura consagra a perda de identidade presente na personagem dramática e se despe das indumentárias de personagens individualizadas para vestir a túnica do universal.

Nesse sentido, ela se apresenta como um novo estatuto da personagem teatral. Trata-se de uma personagem incompleta e discordante que apela ao espectador para tomar forma. A figura é uma personagem a se construir e está liberta do passado e de um suposto futuro. No entanto, torna-se dependente do público para que possa existir, tendo em vista que ela[19] abdica da ideia

18 Cf. *L'Avenir du drame*. Os textos desse autor foram trabalhados com base na versão para o português de 2008 do professor Luis Cláudio Machado, da Universidade de Sorocaba (Uniso). Na bibliografia, mantivemos as referências da edição suíça.

19 Dominique Houdart afirma que a palavra "figura" se origina do latim e significa representação. Num primeiro momento, tal definição nada contribui para estabelecer uma distinção entre personagem e figura. No entanto, Houdart ressalta que a diferença está na precisão do termo, no qual o teatro reencontra o seu sentido de signo. Nessa perspectiva, no teatro tudo deve ser percebido como signo – a palavra e o corpo, o espaço e o objeto, o movimento e a luz. Para a autora, o teatro que ignora essa linguagem simbólica está à deriva do verdadeiro sentido do teatro. No desenvolvimento do seu texto, Houdart ressalta a utilização da palavra em muitas línguas – *figura, Figuren, figure*. Há muito tempo, o termo é corrente na Itália, na Alemanha, nos Países Baixos e faz parte do vocabulário da nova crítica francesa. Cf. Manifesto Por um Teatro de Marionete e de Figura, *Móin-Móin*, n. 4, p. 15-31. Roland Barthes escreve, em *Sobre Racine*, que o ator deve renunciar à noção tradicional de ▶

de unidade orgânica, de uma biografia e de uma determinada psicologia.

a figura, laço de conflagração do individual e do coletivo, corpo único ao qual uma comunidade delega várias vozes [...]. A figura se desdobra em uma plural. Da mesma forma, ela arranca o espectador da contemplação mórbida de um destino individual. Ela baliza o caminho que nos resta a percorrer para nos emancipar de tudo aquilo que continuamos obstinadamente a tomar por fatalidade[20].

Segundo Silvia Fernandes, a tendência teatral contemporânea é fruto do desaparecimento do triângulo formado pelo drama, pela ação e pela imitação, o que acontece em escala considerável nas décadas finais do século XX. Na encenação em questão, essa triangulação foi rompida no momento em que o foco do experimento *Chamas na Penugem* se concentrou no acontecimento teatral, evidenciando o seu caráter processual e performático. Toda a proposta esteve centrada nas possibilidades da realidade teatral, em detrimento da representação mimética do mundo.

O teatro de Brecht, mais precisamente as propostas da peça didática, assumiram neste trabalho um caráter modelar. Primeiramente, porque o autor em questão não separa o processo de produção artística da apresentação teatral. Segundo, porque

⊳ personagem para chegar à figura. Nas palavras da autora, ao se pensar no teatro de figura, temos muito mais do que um estilo, instaura-se um movimento representativo de uma forma contemporânea que prega a volta a uma teatralidade original, primitiva, em que a imagem está em pé de igualdade com o texto. Trata-se, na verdade, da discussão em torno da fase existencial do teatro para a fase essencial.

20   J.P. Sarrazac, op. cit., p. 84. Encontraremos estudos que apontam para a mesma direção em *Le Personnage théâtral contemporain: Décomposition, recomposition*, de Jean-Pierre Ryngaert e Julie Sermon. Os autores destacam a dicotomia existente entre a ideia clássica de personagem e como ela é hoje concebida. Com o foco voltado à análise dos textos contemporâneos e às inovações dramatúrgicas, o ensaio busca esclarecer as evoluções da personagem e sua figura como *ser* teatral. Nessa perspectiva, é deflagrada a crise da personagem no século XX e a maneira como ela afetou os modos de defini-la. Assim sendo, a personagem contemporânea é conduzida ao *status* de figura, de aparição, em oposição à ideia de encarnação. Para os autores, uma nova era de teatralidade se abriu após a modernidade do século XX e com o novo *status* da personagem no teatro. Segundo eles, longe de ser a morte do teatro, a crise da personagem passou a ser a vitalidade do próprio teatro. Esse paradoxo incluiu diversas formas de pensar a personagem e de percebê-la como aparição.

esse teatro exige uma recepção produtiva do espectador. E, por último, porque suas propostas são consideradas a pré-história do teatro pós-dramático pelos ensaístas contemporâneos. Nesse sentido, remetemo-nos a Hans-Thies Lehmann, crítico das propostas do teatro pós-dramático.

No trabalho de encenação de *Chamas na Penugem*, como já se evidenciou, a marcação de cena foi substituída pela estruturação de uma escrita cênica, organizada a partir de procedimentos que envolveram a valorização semântica das figuras no palco, a qualidade estética dos gestos e dos movimentos corporais dos atuantes, os efeitos de sonoridades musicais de fala e de ruídos, e a descontinuidade do tempo e do espaço da ação, em favor da visualidade da cena. Esses procedimentos, em lugar de ilustrar textos, compunham a pictografia da cena. Para a pesquisadora Sílvia Fernandes, que analisa as propostas do teatro pós-dramático, segundo Lehmann, eles são frutos de um novo modo de "utilização dos significantes no teatro, que exige mais presença que representação, mais experiência partilhada que transmitida, mais processo que resultado, mais manifestação que significação, mais impulso de energia que informação"[21].

A supremacia do texto e dos atores em cena não faz mais sentido, o que importa são as capacidades visuais das figuras em cena. De acordo com Fernandes, numa proposta como essa, os elementos cênicos não se ligam uns aos outros de forma causal, além de não ilustrarem nem funcionarem por mecanismos de reforço e redundâncias de um texto.

Assim sendo, na encenação de *Chamas na Penugem*, todos os elementos de cena foram elevados à mesma capacidade de significação e mantiveram suas características próprias. Em determinados momentos, a luz chamava mais a atenção; em outro instante, o figurino; e, quase sempre, o ritmo de um gesto.

A visualidade dos quadros de cena[22], a presença cênica das figuras e a dramaturgia como enunciadora do discurso cênico eram disponibilizadas de forma simultânea e autônoma ao espectador, cabendo a este a tarefa de organizar, juntar ou

---

21 Teatros Pós-Dramáticos, em J. Guinsburg; S. Fernandes (orgs.), *O Pós-Dramático*, p. 23.

22 A cena pictórica ganhou seus contornos por intermédio dos sons e textos. Em *Chamas*, a escrita cênica do espetáculo privilegiou a cena auditiva.

separar os elementos de cada quadro de cena. A proposta era levar o espectador a experimentar múltiplas experiências perceptivas e fazê-lo partilhar com os atuantes sensações e significações que fizeram parte do processo de leitura das gravuras de Pieter Brueghel, o Velho.

Sílvia Fernandes ressalta que a teatralidade é uma marca do teatro contemporâneo e faz parte das propostas de multiplicação dos dados de enunciação cênica, porquanto apresenta ao espectador fragmentos que precisam ser preenchidos, exigindo uma postura produtiva.

O trabalho desenvolvido em *Chamas* dialoga ainda com artistas significativos às propostas estéticas do teatro contemporâneo, tais como Tadeusz Kantor, Peter Brook e Robert Wilson, que sugeriram os quadros em movimentos, o teatro-instalação e o rompimento com o encadeamento dramático.

Podemos dizer que as cenas do espetáculo *Chamas na Penugem* transitaram entre a performance, a pintura, a escultura e a arte do objeto no espaço, enfatizando a imaginação onírica. Nessa perspectiva, diferentes sequências de movimentos, de deslocamentos de cena, de ritmos que iam do lento ao frenético, do desaparecimento e do aparecimento dos objetos e de projeções de silhuetas transformaram o espaço cênico em uma paisagem em movimento. Nesse jogo cênico, o olhar do espectador foi convidado a transitar pelos diversos planos que se desenhavam no palco e que ora se entrecruzavam, ora se paralelizavam, fazendo o público realizar a sua própria trajetória de leitura da cena.

Vale sublinhar que a luz, o cenário, o figurino, as máscaras e objetos de cena não foram dispostos sob a hegemonia dos atuantes. Ao contrário, todos esses elementos, inclusive os atuantes, estavam numa hierarquia horizontal. A presença cênica dos atuantes possuía a mesma importância que os elementos de cena e estavam organizados como peças de um caleidoscópio que, a cada deslocamento e a cada nova mirada, formalizava uma nova imagem e trazia novas significações para o espectador. Há um exemplo peculiar disso relacionado à fumaça seca que era lançada em algumas cenas. Em determinados momentos, entre um quadro de cena e outro, a teatralidade da fumaça era potencializada. O som da máquina que a lançava e o desenho que ela produzia no espaço traziam consigo algo de misterioso, de terrificante.

O sentido enunciativo que o texto assumiu nesse trabalho possibilitou levar a cabo a ideia de desdramatização. Ao apresentar o texto ao público por intermédio de uma voz *off* que era disparada em determinados momentos da encenação, foi possível criar rupturas na tradição de ouvir uma história acompanhada das ações das personagens e dos discursos que elas emitem. O texto ora assumia a função de comentário, ora era um fluxo de voz que descrevia algo que estava ou não presente no palco, ora era o próprio esvaziamento da palavra. Num tom uniforme, parece que o texto chegava de longe, vindo de outro tempo, de outro espaço. O texto também era um material cênico como os outros elementos de cena, a serviço da não representação mimética.

Destaca-se, mais uma vez, que o texto deixou de ser uma figuração ilustrativa do real, tornando-se mais um espaço de jogo entre o que era apresentado no quadro de cena e o imaginário. Essa forma de conceber o texto o aproxima do que Lehmann afirma ser próprio das encenações pós-dramáticas.

Na encenação *Chamas na Penugem* a palavra/texto foi utilizada como material cênico, fônico, rítmico, em vez de ser um suporte narrativo. O texto descritivo passou a assumir o potencial de um vetor de informações.

O gesto estético, artístico, pedagógico e político do trabalho do *Chamas* esteve no estado de espectação em que o público foi colocado, solicitando dele uma tomada de decisão frente ao que via. Parafraseando Lehmann, o político desse teatro é o político da percepção, em confronto com a percepção domesticada pelas sociedades midiáticas.

O ESPECTADOR

O espetáculo *Chamas na Penugem* estreou no dia 21 de junho de 2008, no Teatro Municipal de Sorocaba Teotônio Vilela, como parte da programação do 4º Festival Livre de Teatro de Sorocaba, sob a organização da Associação Teatral de Sorocaba. Nessa apresentação, a predominância era de amigos, parentes e convidados dos atuantes, com os quais eles resolveram compartilhar o processo de montagem e seus resultados. A imprensa local noticiou o fato com destaque. Foram produzidas matérias nos jornais sobre o espetáculo e sobre Brueghel. Em entrevista com Ingrid Koudela, a jornalista Daniela Jacinto, do jornal *Cruzeiro do Sul*, enfatiza a relação da encenação com as artes plásticas e traz questões para a direção, tais como: por que o título *Chamas na Penugem*? Por que a escolha de trabalhar com a série sobre os vícios, de Brueghel? São questões de uma futura espectadora que, de antemão, ficou inquieta com as propostas que seriam apresentadas.

Da estreia em junho até o mês de dezembro, foram nove apresentações, em diversas localidades, com um total aproximado de dois mil espectadores.

Além do Teatro Municipal, em agosto do mesmo ano, o grupo também esteve no Teatro do Centro Educacional Unificado (CEU), no bairro do Butantã, em São Paulo, para participar da programação cultural da Secretaria Municipal de Cultura do estado. A plateia era constituída basicamente por estudantes, professores e público em geral. No mesmo mês, o grupo apresentou *Chamas na Penugem* no Teatro Municipal de Votorantin. Em setembro, o espetáculo fechou as atividades do Festival Estudantil do Sesi de Sorocaba, sendo a plateia formada por artistas e participantes do festival. Em outubro, o grupo participou do Encontro de Teatro Contemporâneo da Universidade Federal de Santa Catarina, envolvendo estudantes e professores de arte tanto da Universidade Federal como da Universidade do Estado de Santa Catarina (Udesc). O espetáculo abriu o Encontro Estadual do Polo Arte na Escola, na Universidade Estadual de São Paulo (Unesp) de Bauru. Em novembro, foi apresentado para um público de estudantes de arte e educadores da rede estadual de ensino. Nesse mesmo mês, o espetáculo foi apresentado no Teatro Laboratório da Escola de Comunicação e Artes, da Universidade São Paulo, com destaque para as presenças de pesquisadores na área da pedagogia do teatro, como Jean Pierre Ryngaert, Maria Lúcia Pupo, Marcos Bulhões, dentre outros. Havia também convidados e estudantes de teatro. Em dezembro, a encenação foi apresentada para um público infantil oriundo das escolas públicas estaduais de Sorocaba.

Em algumas dessas apresentações, após o espetáculo, com duração de oitenta minutos, promovíamos um debate sobre o trabalho. Em conformidade com as propostas dos jogos teatrais, o primeiro a ter a palavra era o público. Inúmeras questões e observações eram levantadas. Algumas delas eram dirigidas à cenografia para saber como materiais tão simples, como tecidos, papéis e objetos descartáveis, conseguiam tal qualidade plástica e visual. Outras observações eram dirigidas ao conteúdo dos quadros de cena, isto é, aos vícios representados no palco. Muitas das indagações eram voltadas à própria linguagem teatral. Havia uma necessidade de compreender que teatro era aquele. Na apresentação do CEU, um senhor levantou a mão e disse que costumava frequentar o teatro do Centro Educacional e suas escolhas eram realizadas pelo gênero do espetáculo, dando preferência às comédias. No caso do *Chamas*, ele passou o tempo todo tentando identificar que gênero era aquele. Na impossibilidade de encontrar vestígios que lhe permitisse tal classificação, afirmou aos presentes que desistiu de tal intento e passou simplesmente a olhar e sentir o espetáculo. Nessa apresentação, riu e se emocionou como nunca havia ocorrido antes.

Outro dado que chamou a atenção do grupo, relacionado à recepção do público, ocorreu na estreia e na última apresentação do espetáculo. Na estreia, a plateia presente, como que num coro de movimentação, mexia a cabeça ora para um lado, ora para o outro, ora para a frente. A plateia fisicalizava o tempo todo o desejo de ver melhor algum dado ou de se aproximar de algum detalhe. Na última apresentação, por volta de trezentas crianças ocuparam os assentos do teatro. Além do calor, as crianças estavam agitadas e isso nos causou certa preocupação. Todavia, para nossa surpresa, no momento em que as cortinas se abriram, elas simplesmente se calaram e ficaram de olhos vidrados em cada elemento da cena. O grau de atenção era enorme. Ao final da apresentação, todos queriam tocar, ver de perto as máscaras, as roupas dos atuantes e saber como se fazia tudo aquilo.

Normalmente, as observações eram espontâneas e não foram documentadas formalmente por nenhum membro do grupo. Obtivemos alguns depoimentos escritos, em forma de apreciações críticas, que nos possibilitam tecer algumas observações sobre a recepção do espetáculo. Temos, por exemplo, o texto de Sérgio Azevedo[23] que destaca a sua experiência com uma espectadora mirim:

Sobre "Chamas" e Crianças

2 de setembro de 2008. Eu e mais 23 alunos da fundação das artes "viajamos" até o CEU Butantã para assistir ao espetáculo *Chamas na Penugem*, do Curso de Teatro-Educação da Uniso (Universidade de Sorocaba), na mostra do teatro vocacional.

Poderia registrar minhas impressões sobre a encenação contemporânea e as inúmeras reflexões que o espetáculo proporciona. Porém, o que me motiva a escrever é uma experiência estética peculiar, instigante e prazerosa motivada por uma garotinha de três anos, a Talita, que assistiu ao espetáculo ao meu lado. Durante toda a apresentação, a pequena espectadora dialogava intensamente com os atuadores. Participava, perguntava e preenchia espaços que intencionalmente os encenadores deixaram para que nós, espectadores, ocupássemos, transformando as intensas imagens do espetáculo em palavras que pareciam não dar conta dos níveis de percepção que estavam ativados, aflorados.

Ah! Os bichos! Como encantavam a pequena Talita: as formas, os movimentos, a intensidade e o diálogo foram se intensificando. A cada encerramento de cena, os olhos dela procuravam novas imagens, novos seres, outros estímulos. E sempre que eles vinham, ela sorria e dizia (quase rindo): não acabou! E se deliciava com o que, para ela, era uma grande brincadeira de esconde-mostra-esconde.

E assim foi, quadro a quadro, Talita procurava e tentava se encontrar em meio a tantas leituras possíveis. Assistir ao espetáculo foi, sem dúvida, uma experiência especial, muito por conta da relação espontânea e viva que a pequena espectadora estabeleceu com a obra. Sua participação foi tão forte que, hoje, passados alguns dias, mal consigo separar suas manifestações do próprio espetáculo.

A experiência narrada por Azevedo, com a pequena Talita, nos possibilitou perceber o quanto a visualidade dos quadros de cena espetacular incitava a imaginação dos espectadores, fossem eles adultos ou crianças.

Outra apreciação que nos foi entregue e nos pareceu bastante peculiar foi a do físico Adilson de Barros[24]:

---

23 Mestre em Artes Cênicas pela Escola de Comunicação e Artes, da Universidade de São Paulo, na área da pedagogia do teatro.
24 Doutor em Física, professor da Universidade Federal do Paraná.

Sobre o espetáculo: "Chamas na Penugem"

O espetáculo tem como motivação um conjunto de gravuras medievais densamente povoadas por pessoas, monstros e situações. Já vi livros serem adaptados para o cinema e para o teatro, mas nunca quadros ou gravuras. Para mim, foi uma experiência inédita e muito elaborada. Dar vida a algo, uma gravura, uma teoria ou o que quer que seja é, por definição, um poder divino.

Conceitualmente falando trata-se de grande capacidade de inventividade e potencial de criatividade. É quase tão autorreferente e inédito quanto olhar para uma nuvem e imaginar uma grande árvore ou um gigante poderoso soltando raios. O caos aparente oculta uma profunda ordem visceral, que brota da essência do homem. Os atores são tipos e não personagens, mas devido à precisão do desempenho dão uma espécie de aura coletiva ao espetáculo ou a impressão de uma personagem coletiva, que é a vicissitude do ser humano. Nunca vi um espetáculo em que a personagem principal não fosse um ser, mas uma qualidade do ser. Ou, talvez, o vazio deixado pela não existência da qualidade.

O espetáculo nos envolve num caldeirão primitivo de paixões desenfreadas, minimamente preocupado com ética, solidariedade, cuidado com o próximo. Trata-se de uma viagem às profundezas da existência humana. É o homem despido de todas as suas máscaras, mas não de sua essência.

Há uma equação complicada com muitas variáveis a serem ajustadas. Isso é curioso e descritivo no desenvolvimento da ideia, pois em meio ao pseudocaos tudo se afina, tudo se relaciona, tudo se encaixa: o som tocado, o som grunhido, os movimentos de matar, de morrer, tomar, fugir, correr, saltar, rolar, estuprar...

A voz em *off* narra ou pelo menos tenta. Ela falha! Em princípio sem querer, mas por fim desejando isso.

Alguém comentou ao final que tal proposta de teatro é muito avançada para a nossa escola. A despeito de ser a nossa escola muito atrasada, não seria inteligente querer trazer todo o processo de criação da arte ou da ciência para um nível tão elementar de compreensão como o da nossa escola? Certamente qualquer coisa é muito avançada para a nossa escola, haja vista ser uma das piores do mundo.

O espetáculo consegue transcender a linearidade no gesto, na fala, na ação, na cor, no tempo do espectador e no espaço do palco. Isso é inegável. Isso é metafísico. A minha impressão foi a de entrar na dimensão das gravuras e sentir o pincel do artista batendo em minha cara. Isso verifiquei através de minhas reações diversas: risos, espanto, choro, choque, identidade, náusea, pânico, surpresa...

Em minha opinião, os autores dominam plenamente outras formas de comunicação que não a linguagem falada ou adjetivada. Não preciso dar nome ao monstro, em qualquer língua que seja, para sentir o que ele é capaz de fazer dentro e fora do próprio homem. Percebi assim e senti assim.

Sendo professor da área de exatas, vejo como os alunos não conseguem dominar, ainda que pouco, etapas importantes do processo de comunicação, para dizer que entenderam um conceito de ciências. Quão enriquecedor é mostrar que o ato de comunicar pode apresentar sutilezas que rompem o limite do que consideramos nosso limite.

O texto de Barros evidenciou a importância da exposição das gravuras de Brueghel no saguão do teatro. As apresentações iniciavam com a exposição das sete gravuras que deram origem à encenação. Enquanto aguardavam a abertura das portas do teatro, o público apreciava, descompromissadamente, as sete reproduções em painéis, em formato de *banners*. Era comum, após as apresentações, o público olhar novamente as gravuras. Quando Barros afirma que, durante a apresentação, sentia o pincel do artista batendo em sua cara, indica-nos o quanto as gravuras promoviam um papel importante na leitura dos quadros de cena. Embora Barros não seja um especialista em teatro, como ele mesmo afirma ao longo da sua apreciação crítica, isso não o impossibilitou de perceber as formulações cênicas presentes no espetáculo e, consequentemente, as suas significações, o que refuta a ideia de que teatro contemporâneo não é acessível a qualquer público. Barros também consegue pontuar precisamente o *gestus social* e histórico que acompanhava a encenação, destacando a proposta pedagógica do espetáculo: a política da percepção.

O professor e crítico Edelcio Mostaço[25] também nos encaminhou um texto bastante significativo que dialoga diretamente com o projeto de encenação. Segundo Koudela, as observações do crítico lhe permitiram perceber que havia conseguido alcançar o que almejava com a encenação.

"Chamas na Penugem"

O espetáculo *Chamas na Penugem* tem sua narrativa construída a partir de três eixos principais, articulados numa relação intertextual:

---

25 Professor de teoria teatral na Universidade do Estado de Santa Catarina.

a descrição oral de imagens de Brueghel, o Velho, a criação cênica pelos atuadores de alegorias referentes a essas imagens, e as próprias imagens, fonte de referência desses dois discursos, mas que não são mostradas à plateia. De modo que o espectador é colocado, durante todo o tempo, numa atitude de suspensão de juízos frente ao espetáculo, uma vez que ouve a voz que descreve as imagens (o que não é usual), vê uma cena que não reproduz nem interpreta aquilo que está sendo descrito, mas com ela mantém uma relação tensa de ora dar a ver, ora dar a ocultar seus signos constituintes, e as supostas imagens (que podem ou não ser de conhecimento desse espectador, a depender de sua cultura imagética).

Há, portanto, uma dessincronia total entre os discursos. Cada eixo narrativo mantém sua lógica, não se curva ao outro, mas com ele vive uma relação tensa, obrigando o espectador a, durante todo o transcurso da realização, ir e vir entre as significações, operando mentalmente um jogo, um *puzzle*, experimentando possibilidades. São sete quadros, cuja estruturação obedeceu a duas matrizes historicamente significativas: os *tableaux* de Diderot e o texto "Descrição de Imagem", de Heiner Müller, o que projeta imediatamente o trabalho para o território épico e construtivo.

O continuado recurso ao surrealismo e ao grotesco das cenas provoca, é claro, novos impactos sobre o público que, uma após a outra, se pergunta o que ainda poderá vir a acontecer. Eis, portanto, as linhas gerais que formam a rede significante, assim como as pistas que possam levar aos significados. E esses não devem ser buscados no discurso, mas na livre associação, na operosidade da Gestalt.

Valendo-se de alegorias (que remetem às ruínas, conforme Walter Benjamin), o palco vai acumulando monstros, signos absurdos, inusitados, de uma descabelada imaginação, que apontam vícios, naquela arcaica versão medieval que inspirou as imagens. É nesse sentido que *Chamas na Penugem* (uma referência à Fênix e seu permanente crepitar de chamas num ciclo de vida que pode demorar quinhentos anos ou um breve instante – paradoxo do qual ela é uma encarnação), alinha-se à problematização da representação, um dos sintomas mais claros que marcam um teatro pós-dramático, como pensado por Lehmann. Onde o drama não é mais drama, o épico ultrapassou seu estágio de narratividade e o lírico transborda, inexoravelmente, desdizendo as matrizes consagradas dos discursos instituídos, alternando-se sobre eles e os confundindo enquanto plano de inteligibilidades.

Tal é, talvez, o futuro do pretérito. Aquilo que seremos, tendo já vivido no passado composto do presente do subjuntivo.

Durante a apresentação do espetáculo em Florianópolis, Vicente Concilio, professor de teatro da Universidade do Estado de Santa Catarina (Udesc), transformou a assistência do espetáculo numa atividade pedagógica, sugerindo aos alunos que escrevessem protocolos sobre *Chamas na Penugem*. O objetivo era exercitar o olhar do futuro artista-docente sobre o espetáculo. A seguir, alguns trechos:

Uma sucessão de quadros... me lembram aquelas pinturas antigas, do século XVII, cheias de gente, umas por cima das outras... Fiquei pensando no começo. E não entendia por que tinham pessoas do meu lado que riam tanto... Seria desconforto? Por minha vez, não achava nada engraçado, ao contrário, trágico. (S.F.)

O que, de início, se observa é o palco com uma ambientação econômica. Uma cortina ao fundo e uma árvore cenográfica informam que aquele espaço é destinado ao jogo, um jogo de teatro. Vê-se o piso do palco e a vestimenta da caixa cênica em suas materialidades aparentes e escolhidos como constituintes da cena que está por vir. (C.F.)

É tudo muito bonito, plástico, bem trabalhado, transmite o entusiasmo e apreço com que foi feito, visto ser uma peça produzida com alunos, não com atores profissionais. A cenografia, figurinos e bonecos são de uma beleza desconcertante, ainda mais se pensarmos que foi tudo confeccionado a partir de materiais acessíveis, de baixo custo, pelos próprios alunos. (S.L.)

Em *Chamas na Penugem*, somos convidados pelos 38 atores que se apresentam em cena a adentrar no universo inquietante dos vícios através do jogo entre corpos, bonecos e sombras. Diante de nós são criadas estruturas de quadros, compostos por figuras alegóricas que se propõem a jogar em cena. (S.A.)

A narração é outro elemento que aumenta o contato entre o público e o palco e alimenta a vontade de olhar: ela nos faz procurar equivalentes entre a narração da obra de Brueghel e o que está sendo feito em cena como também nos faz ver a imagem posta no palco. (V.M.)

A peça *Chamas na Penugem* não apresenta uma unidade de ação linear, utiliza uma divisão episódica – modelo de ação brechtiano – e, nesse caso, uma sucessão de quadros desconexos, cada qual independente. (E.)

O espetáculo dialoga com o momento atual das artes performáticas, numa configuração que muitos autores vêm chamando de pós-dramática. Esse é um momento na história onde o espectador tem tido a necessidade de aprender e reformular seus conceitos do que é teatro, e treinar seu olhar para uma nova forma de ver o objeto artístico. (L.A.)

As análises desses estudantes são bastante precisas e observa-se que vêm acompanhadas de leituras pessoais ou do programa da peça, ou ainda de textos que abordam questões relacionadas ao teatro contemporâneo. É possível perceber que as análises formais que elaboraram sobre a encenação permitiu um diálogo significativo entre a teoria e a prática da encenação.

Para finalizar as leituras sobre o espetáculo efetuadas pelos alunos da Udesc, apresentamos outro trecho de protocolo que resume a essência deste trabalho, no qual teoria e prática foram construídas conjuntamente, além do caráter pedagógico, na qual a investigação se insere.

Para o mundo dos estudos de teatro no Brasil, o nome da Ingrid Koudela é imediatamente relacionado às pesquisas teóricas nos campos da pedagogia teatral. Principalmente por conta de suas publicações e a tradução de toda a obra de Viola Spolin para o português. Nesta última terça-feira, Ingrid Koudela esteve na Universidade Federal de Santa Catarina que, há dois semestres, conta com o curso de graduação em Artes Cênicas e já tem balançado a comunidade acadêmica com eventos teatrais. No entanto, a pesquisadora esteve lá não para apresentar suas sempre bem recebidas palestras e seminários teóricos sobre teatro; desta vez, veio a artista, apresentando o espetáculo *Chamas na Penugem*. De repente, aprendi o que são *gestus sociais*, distanciamento, jogo em cena e, por fim, teatro contemporâneo. Obrigado pelos ensinamentos, professora, artista, Ingrid Koudela. (N.D.)

Epílogo

*Atrás dele aborda o passado esparramando pedregulho
sobre asas e ombros com um barulho como de tambores
enterrados enquanto diante dele o futuro está represado
afunda os olhos dinamita os glóbulos como uma estrela
torce a palavra como uma mordaça asfixia com sua
respiração durante algum tempo ainda se vê o bater de
asas se ouve o ronco das pedreiras caindo sobre atrás
dele tanto mais alto quanto o movimento vão fica iso-
lado ao tornar-se lento então aquele momento fecha-se
sobre ele sobre o lugar rapidamente entulhado ele encontra paz esperando pela história na petrificação do voo
olhar respiração até que um renovado rufar de poderoso
bater de asas se propague em ondas através da pedra e
anuncie o seu voo*

HEINER MÜLLER, Anjo Sem Sorte.[1]

Ao discorrer sobre o conceito de história do filósofo Walter Benjamin, Koudela ressalta que é preciso compreender que o presente representa o ponto de partida para a reconstrução do passado, nesse sentido, "o historiador não pretende realizar a *descrição do passado tal como ele ocorreu de fato*, mas fazer emergir as esperanças não realizadas, inscrevendo-as em nosso presente como apelo por um futuro diferente"[2]. Ela relaciona esse pensamento ao conceito de "diálogo com os mortos", proposto por Müller. Para esse autor, é fundamental aceitar a presença dos mortos como parceiros de diálogo, e, para tal, se faz urgente a invocação do passado individual e coletivo com vistas ao futuro[3].

Assim, o texto apresentado no início desta seção como epígrafe, é uma alegoria poética que apresenta uma reflexão entre as relações do passado com o futuro. No texto, a passagem do milênio e os debates relativos à política e à história transformam-se num emblema das contradições entre revolução e

---

1   Tradução de Ingrid D. Koudela. O texto original em alemão é grafado sem pontuações.
2   *Brecht na Pós-Modernidade*, p. 32.
3   Ibidem, p. 33-34.

religião, ativismo e resignação, engajamento político e perspectiva histórica.

Esse texto de Müller se configurou como epílogo da encenação. Assim sendo, duas vozes, dissonantes, em *off*, como os outros textos da encenação, anunciavam o fim do espetáculo e o princípio de uma reflexão maior que cada espectador deveria levar consigo: "até que um renovado rufar de poderoso bater de asas se propague em ondas através da pedra e anuncie o seu voo". Um voo em direção ao futuro, à resistência contra a ocupação da consciência pela mídia, ou, ainda, um convite para que a consciência do público ressurja das cinzas da história, na qual os fantasmas do passado projetarão o futuro.

Da anunciação inicial do prólogo de que "às vezes seus quinhentos anos duram apenas uma noite [...] às vezes sua noite dura quinhentos anos [...], atrás dele aborda o passado esparramando pedregulho sobre asas e ombros com um barulho como de tambores enterrados", o público trilhou os caminhos da cognição-sensorial, tornou-se coprodutor do texto cênico, criando e recriando as propostas de cada um dos setes quadros que compuseram a encenação *Chamas na Penugem*.

Bibliografia

ALMEIDA, Maria Christina de. *Mestres da Pintura: Pieter Brueghel, o Velho*. São Paulo: Abril Cultural, 1978.

ARENDT, Hannah. *Entre o Passado e o Futuro*. São Paulo: Perspectiva, 2000.

ARTAUD, Antonin. *O Teatro e Seu Duplo*. São Paulo: Max Limonad, 1981.

AUMONT, Jacques. *A Imagem*. Campinas: Papirus, 1995.

BAKHTIN, Mikhail. *A Cultura Popular na Idade Média e no Renascimento*. São Paulo: Hucitec, 1987.

BARBA, Eugenio; SAVARESE, Nicola. *A Arte Secreta do Ator*. São Paulo/Campinas: Hucitec/Editora da Unicamp, 1995.

BARBOSA, Ana Mae. *A Imagem no Ensino da Arte*. 7. ed. São Paulo: Perspectiva, 2009.

BENJAMIN, Walter. *Tentativas Sobre Brecht*. Buenos Aires: Taurus, 1999.

_____. *Origem do Drama Barroco Alemão*. Trad. Sérgio Paulo Rouanet. São Paulo: Brasiliense, 1984.

_____. A Obra de Arte na Era de Sua Reprodutibilidade Técnica. *Obras Escolhidas I: Magia e Técnica, Arte e Política*. Trad. Sergio Paulo Rouanet. São Paulo: Brasiliense, 1985.

BERTHOLD, Margot. *História Mundial do Teatro*. 5. ed. São Paulo: Perspectiva, 2011.

BOLLE, Willi. Alegoria, Imagens, Tableau. *Artepensamento*. São Paulo: Companhia das Letras, 1994.

BRECHT, Bertolt. *Poemas: Bertolt Brecht*. Porto: Campo das Letras, 1990.

_____. *Estudos Sobre Teatro*. Rio de Janeiro: Nova Fronteira, 1978.

BROOK, Peter. *A Porta Aberta*. Rio de Janeiro: Civilização Brasileira, 1999.

CEIA, Carlos (org.). Alegoria. *Dicionário de Termos de Teoria e Crítica Literária*. Disponível em: <http://www.edtl.com.pt/index.php?option=com_mtree&task=viewlink&link_id=386&Itemid=2>. Acesso em: 20 mar. 2015.

CHEVALIER, Jean; GHEEBRANT, Allan. *Dicionário de Símbolos*. Rio de Janeiro: José Olympio, 1982.

CUNHA, Antonio Geraldo da. *Dicionário Etimológico: Nova Fronteira da Língua Portuguesa*. Rio de Janeiro: Nova Fronteira, 1982.

DESGRANGES, Flávio. *A Pedagogia do Espectador*. São Paulo: Hucitec, 2003.

DIDEROT, Denis. *Discurso Sobre a Poesia Dramática*. Trad. L.F. Franklin de Matos. São Paulo: Brasiliense, 1986.

DURAND, Gilbert. *A Imaginação Simbólica*. Trad. Eliane Fittipaldi Pereira. São Lisboa: Edições 70, 1987.

ECO, Umberto. *A Definição da Arte*. Lisboa: Edições 70, 1972.

FERNANDES, Sílvia. Teatros Pós-Dramáticos. In: GUINSBURG, J.; FERNANDES, Sílvia (orgs.). *O Pós-Dramático*. São Paulo: Perspectiva, 2008.

FOUCAULT, Michel. *A Arqueologia do Saber*. Rio de Janeiro: Forense, 1997.

FRANCASTEL, Pierre. *A Realidade Figurativa*. São Paulo: Perspectiva, 1973.

GALIZIA, Luiz Roberto. *Os Processos Criativos de Robert Wilson: Trabalhos de Arte Total Para o Teatro Americano Contemporâneo*. São Paulo: Perspectiva, 2005.

GAMA, Joaquim César Moreira. *Velha Nova-História Sobre o Produto Teatral: Experimento Com os Alunos do Ensino Médio*. Dissertação de mestrado, Escola de Comunicação e Artes, São Paulo, Universidade de São Paulo, 2000.

GOMBRICH, Ernest Hans. *A História da Arte*. Rio de Janeiro: LTC, 1999.

HANSEN, João Adolfo. *Alegoria: Construção e Interpretação da Metáfora*. São Paulo/Campinas: Hedra/Editora da Unicamp, 2006.

HAUSER, Arnold. *História Social da Literatura e da Arte*. São Paulo: Mestre Jou, 1982.

HOUDART, Dominique. Manifesto Por um Teatro de Marionete e de Figura. *Móin-Móin*, Jaraguá do Sul, ano 3, n. 4, 2007.

KAYSER, Wolfgang. *O Grotesco*. São Paulo: Perspectiva, 1986.

KOTHE, Flávio R. *A Alegoria*. São Paulo: Ática, 1986.

KOUDELA, Ingrid Dormien. Teatro de Figuras Alegóricas: "A Ferida Woyzeck". *Urdimento: Revista de Artes em Artes Cênicas*. Florianópolis, n. 18, mar. 2012.

_____. A Cidade Como Alegoria, *O Percevejo*, v. 1, fasc. 2, 2009. Disponível em: <http://www.seer.unirio.br/index.php/opercevejoonline/article/view/526/468>. Acesso em: 16 jun. 2015.

_____. A Encenação Contemporânea Como Prática Pedagógica. *Urdimento: Revista de Estudos em Artes Cênicas*, Florianópolis, n. 10, dez. 2008.

_____. *Texto e Jogo*. São Paulo: Perspectiva, 1996.

_____. *Brecht na Pós-Modernidade*. São Paulo: Perspectiva, 2001.

_____. *Brecht: Um Jogo de Aprendizagem*. São Paulo: Perspectiva, 1991.

_____. *Jogos Teatrais*. São Paulo: Perspectiva, 1984.

LEHMANN, Hans-Thies. *Escritura Política no Texto Teatral: Ensaios Sobre Sófocles, Shakespeare, Kleist, Büchner, Jahnn, Bataille, Brecht, Benjamin, Müller, Scheef*. São Paulo: Perspectiva, 2009.

_____. *Teatro Pós-Dramático*. São Paulo: Cosac Naify, 2007.

MARQUES, Isabel. *Ensino de Dança Hoje: Textos e Contextos*. São Paulo: Cortez, 2001.

MÜLLER, Heiner. Descrição de Imagem. *Medeamaterial e Outros Textos*. Trad. Fernando Peixoto. Rio de Janeiro: Paz e Terra, 1993.

PARÂMETROS CURRICULARES NACIONAIS: Ensino Médio. Brasília: Ministério da Educação, 1999.

PAVIS, Patrice. *Dicionário de Teatro*. Trad. J. Guinsburg e Maria Lúcia Pereira. São Paulo: Perspectiva, 1999.

PLATÃO. *A Alegoria da Caverna*. Brasília: LGE, 2006.

ROUBINE, Jean-Jacques. *A Linguagem da Encenação Teatral*. Rio de Janeiro: Zahar, 1998.

RYNGAERT, Jean-Pierre; SERMON, Julie. *Le Personnage théâtral contemporain: Décomposition, recomposition*. Paris/Montreuil-sous-Bois: Éditions Théâtrales, 2006.

____. *Ler o Teatro Contemporâneo*. Trad. Andréa Stahel M. da Silva. São Paulo: Martins Fontes, 1998.

SANTAELLA, Lucia; NÖTH, Winfried. *Imagem: Cognição, Semiótica, Mídia*. São Paulo: Iluminuras,1998.

SARRAZAC, Jean-Pierre. *L'Avenir du drame*. Lausanne: L'Aire, 1981.

SPOLIN, Viola. *Jogos Teatrais na Sala de Aula: Um Manual Para o Professor*. 3. ed. São Paulo: Perspectiva, 2015.

____. *Improvisação Para o Teatro*. 5. ed. São Paulo: Perspectiva, 2006.

THIOLLENT, Michel. *Metodologia da Pesquisa-Ação*. São Paulo: Cortez, 1985.

TROTTA, Rosyane. Criação Coletiva e Processo Colaborativo. *Cavalo Louco*, Porto Alegre, n. 3, 2007.

UBERSFELD, Anne. *Para Ler o Teatro*. Trad. José Simões de Almeida Jr. (coord.). São Paulo: Perspectiva, 2005.

Trabalhos Acadêmicos:

ARAÚJO, Antônio. *A Encenação no Coletivo: Desterritorializações da Função do Diretor no Processo Colaborativo*. Tese de doutorado, Escola de Comunicação e Artes, São Paulo, Universidade de São Paulo, 2008.

AYRES, Ramon. *A Instrução no Jogo Teatral no Processo de Criação da Montagem "Chamas na Penugem"*. Trabalho de Conclusão de Curso, Uniso – Universidade de Sorocaba, 2008.

BELTRAME, Valmor. *Animador Inanimado: A Formação Profissional no Teatro de Bonecos*. Tese de doutorado, Escola de Comunicação e Artes, São Paulo, Universidade de São Paulo, 2001.

CATALUNHA, Robson. *O Processo de Criação do Espetáculo "Chamas na Penugem"*. Trabalho de Conclusão de Curso, Sorocaba, Uniso – Universidade de Sorocaba, 2008.

Créditos das Imagens

Todas as fotos de *Chamas na Penugem* são de autoria de José Neto, 2008.

Legendas das imagens coloridas:

CADERNO DE ABERTURA

PÁGINA I: *Prólogo da encenação.*

PÁGINA II-III: *Quadro Avareza.*

PÁGINA IV-V: *O Pavão – Animal complementar da Senhora Alegoria Soberba.*

PÁGINA VI-VII: *Quadro Avareza.*

PÁGINA VIII-IX: *Quadro Inveja.*

PÁGINA X-XI: *Detalhe do quadro Inveja.*

PÁGINA XII-XIII: *Quadro Ira.*

PÁGINA XIV: *Detalhe de* A Luta Entre Carnaval e Quaresma, *de Pieter Brueghel, o Velho.*

PÁGINA XV (OLHO): Tableaux vivant *do quadro de cena Preguiça.*

CADERNO DE FECHAMENTO

PÁGINA 157: *Senhoras Vício. Da esquerda para a direita as alegorias: Avareza, Soberba, Inveja, Ira, Luxúria, Gula e Preguiça.*

PÁGINA 158-159: *Quadro Luxúria.*

PÁGINA 160-161: Tableaux vivant *do quadro de cena Inveja.*

PÁGINA 162-163: Tableaux vivant *do quadro de cena Ira.*

PÁGINA 164-165: *Quadro Gula.*

PÁGINA 166-167: *Detalhe da Senhora Alegoria Preguiça.*

PÁGINA 168-169: *Quadro Preguiça.*

PÁGINA 170-171: *Imagem dos atuantes ao final da encenação.*

Este livro foi impresso na cidade de São Paulo,
nas oficinas da MarkPress Brasil, em janeiro de 2016
para a Editora Perspectiva.